圆通的人际关系

曾仕强 著

全集·全新

北京大学出版社
PEKING UNIVERSITY PRESS

图书在版编目（CIP）数据

圆通的人际关系：全集·全新 / 曾仕强著.
北京：北京大学出版社，2025.8. —— ISBN 978-7-301-36512-0

Ⅰ.C912.11-49
中国国家版本馆CIP数据核字第2025QJ2582号

书　　　名	圆通的人际关系：全集·全新
	YUANTONG DE RENJI GUANXI：QUANJI·QUANXIN
著作责任者	曾仕强　著
责任编辑	滕柏文
标准书号	ISBN 978-7-301-36512-0
出版发行	北京大学出版社
地　　　址	北京市海淀区成府路205号　100871
网　　　址	http://www.pup.cn　　新浪微博：@北京大学出版社
电子邮箱	编辑部 pup7@pup.cn　总编室 zpup@pup.cn
电　　　话	邮购部 010-62752015　发行部 010-62750672　编辑部 010-62570390
印　刷　者	涿州市星河印刷有限公司
经　销　者	新华书店
	880毫米×1230毫米　16开本　15.75印张　212千字
	2025年8月第1版　2025年8月第1次印刷
印　　　数	1-6000册
定　　　价	99.00 元

未经许可，不得以任何方式复制或抄袭本书之部分或全部内容。
版权所有，侵权必究
举报电话：010-62752024　电子邮箱：fd@pup.cn
图书如有印装质量问题，请与出版部联系。电话：010-62756370

引言

中国人的思想源自伏羲氏——伏羲氏所创的八卦一直对中国人有深刻的影响。

中华文化是在《易经》的影响下形成的,《易经》的主要思想是人本位,与西方人倡导的神本位截然不同。

西方式管理离不开神本位思想,而中国式管理重视人本位,即以人为本。

不要以为很多中国人的言行乱七八糟、模棱两可,用《易经》阐述的道理来考察,大家会发现,绝大多数中国人的所作所为非常有道理。

近百年来,很多中国人经常用西方人的观点和标准来考察自己的行为,这才导致很多中国人认为自己的一切都是乱七八糟的。更有甚者,喜欢将中国人普遍有的缺点与西方人普遍有的优点进行对比,从而觉得中国人一无是处。

将中国人普遍有的缺点与西方人普遍有的优点进行对比,这种做法是大错特错的。如果真的要比较世界上各民族的人的优劣,必须有一个公平的标准。用自己的缺点去比他人的优点，不但有失公平，而且容易导致自己丧失信心。

中国人有一套自己的东西，这些东西别人学不去。与此同时，我们不需要去学别人，否则就是自讨苦吃。

我一直强调，管理中国人要使用中国式管理方法。在中国式管理方法中，最重要的是人际关系方面的管理方法。

因为中西方的人际关系大不相同，所以中西方的人际关系管理方法是大相径庭的。

西方人的人际关系大多建立在平等的基础上，中国人则普遍认为人与人是不平等的，人人讲平等是没大没小的表现。中国人非常讨厌没大没小。

如今有一个奇怪的现象：很多人喜欢看书，但是看的书越多，自己越倒霉。为什么呢？因为这些人看的大多是西方人写的书。

西方人的高新技术是值得学习的。魏源提出的"师夷长技以制夷"并没有错，因为科学无国界。但是，学习、接受西方人的文化需要非常小心，否则很容易掉入西方文化的"陷阱"，离中国的实际越来越远。

全面认可、推崇西方文化的中国人，如果从此生活在西方社会中，问题应该不大，但如果继续生活在中国社会中，很可能会发现自己时时吃亏、处处碰壁。

想想清朝末期，有的人穿着西装却留着长辫子，是不是走到哪里都显得不伦不类？

中西方的人际关系大不相同

如何处理人际关系？这对任何人来说都是十分重要的课题。

纵观宇宙万物之间的关系，人际关系最为复杂。各地的风土人情不同，人际关系的表现随之不同。

一般而言，西方人认为社会由个人构成，个人自由、独立，只要加以适当的规范，即实施法治，就能够维持好整体秩序。

西方社会的人际关系基础是人人在法律许可的范围内自由、平等、独立。

与西方人不同，绝大部分中国人虽然不否认社会由个人构成，但是不认为个人是完全自由、独立的。中国人普遍认为：一方面，个人很难离开社会独立生存，个人的自由相当有限；另一方面，人与人的互动不能完全由法律约束、控制。

中国社会的人际关系基础是人人在法律许可的范围内衡情论理，用伦理弥补法律的不足。

因为中西方社会的人际关系基础不同，所以西方人普遍认可的人际关系和中国人普遍认可的人际关系有很大的差别。明确两者的差别，有助于我们更合理地处理自己的人际关系。

大部分西方人的人际关系和大部分中国人的人际关系的主

要差别如下。

第一，大部分西方人的人际关系是神本位的，大部分中国人的人际关系是人本位的。

西方人普遍认为上帝高高在上，所有人都是上帝的子民，大部分中国人则不同，伏羲氏一开始就让中国人普遍认识到：宇宙间最了不起的不是神，而是人。既然如此，为什么要找一个神来主宰自己的命运呢？

中国人大多只崇拜自己的祖先，而不崇拜神、佛——说起大部分中国人对神、佛的态度，礼神、礼佛比拜神、拜佛更确切：中国人大多只会在看到神、佛时走过去"打个招呼"。

第二，西方人大多以个人为单位，中国人大多以家庭为单位。

比如，西方人看到一个小孩，通常会直接问他叫什么名字；中国人看到一个小孩，通常会优先问他是谁家的小孩。

再如，大部分西方人评价一个小孩的品性，主要依据是这个小孩的行为；大部分中国人评价一个小孩的品性，主要依据是这个小孩的父母的品性。

又如，西方人看到一个小孩做错事，一般会直接责怪这个小孩；中国人看到一个小孩做错事，十有八九会将错误归于这个小孩的父母，责怪他们不会教育小孩。

第三，西方人普遍重视平等，中国人普遍重视合理的不平等。

如果一个西方人直呼自己爸爸的名字，大家一般不会吃惊，因为在他们心中，即使两个人是父子关系，也是平等的。如果一个中国人这样做，则很可能被认为不孝、忤逆，因为很多中国人不认同"人生而平等"的观点，认为人一出生就不平等，而且是合理的不平等，如君臣、父子。

大部分中国人不相信绝对的平等——资源有限，机会有限，怎么可能绝对平等？

对大部分中国人来说，合理的不平等是能接受的，当不平等的程度过分时，大家才会反抗。

人与人之间合理的不平等体现的正是中国人普遍认同的伦理：父亲与儿子、上司与下属、师长与学生……永远有高低、上下之分，不可能在同一水平线上。

大多数中国人对上的态度和对下的态度是不同的：能对下属说的话，不一定敢对上司说。这是很正常的事，比如，几乎没有哪个中国人敢站在上司面前说："我和你是完全平等的，你要足够重视我说的话。"

面对上司有一种说法，面对下属有另一种说法，这就是伦理的体现。

第四，西方人普遍重视权利与义务，中国人普遍重视将心比心、投桃报李。

对大部分西方人来说，就算是在父子之间，也要明确权利与义务。比如，在孩子18岁之前，父母有养育他的义务；一旦孩子年满18岁，父母就没有养育他的义务了，他需要学会靠自己生活。在大部分中国人眼中，这方面的权利与义务是模糊的，如果中国父母在孩子年满18岁后立刻不管不问，任他自生自灭，一定会被视为狠心的、不称职的父母。

中国人普遍重视将心比心、投桃报李，这与权利、义务没有太大的关系。大部分中国人讲究你对我好，我就没有理由对你不好；你对我不好，我当然不会对你好。

在西方企业里，上下级之间的关系多为明确的权利与义务的关系：因为你是我的上司，所以我会按规定向你汇报工作。在大多数中国企业里则不然，很多人很有个性：虽然你是我的上司，但如果我不认同你，我就不会老老实实地向你汇报工作，如果你强迫我这样做，我会敷衍了事。

第五，西方人普遍重视法律，中国人普遍重视道德。

西方的法律制定得很明确、执行得很严格，完全没有人情、弹性可言。

原则上，法律不应该有弹性，但是没有弹性的法律在中国很难施行。

自古以来，中华民族就不是靠法律约束的民族。古时，法律的效力是有限的，虽然有"王子犯法，与庶民同罪"这一说法，但这只是理想状态，很少落实，反而是"刑不上大夫"更加常见。在民间故事中，即使是包拯这种刚正不阿的典范，在判案时遇到皇帝有罪的情况，也只敢打龙袍，不敢真的打皇帝。

与法律相比，大多数中国人更重视道德，提倡树立典范。不管是"君子爱财，取之有道""大位有德者居之"等俗语，还是社会主义核心价值观，都是道德劝诫，并没有通过立法强制国民执行。

法律是看得见的约束，道德是看不见的约束。一个中国人，如果不讲良心、道德，很难在中国生存、发展。很多中国人不重视有形的东西，因为有形的东西在中国很容易变成形式化的东西。中国人多靠无形的东西彼此约束，约束别人，也约束自己。

第六，大多数西方人对彼此充满好奇，大多数中国人对彼此充满关怀。

大多数西方人对人的态度和对动物的态度是一样的——充满好奇。比如，在西方社会中，青年男女之间产生好奇就可以同居，失去好奇就可以分开。中国人很难做到这一点，因为大多数中国人认为在相处过程中，应该有的状态是彼此关怀，不是彼此好奇。

西方人普遍很有礼貌，一见面就会亲切地打招呼，但很少真正地关心对方；中国人普遍不太关注形式上的礼貌，而是会真正地关心对方。比如，看到朋友的嘴巴破了，中国人往往会直截了当地问："你的嘴巴怎么破了？是不是上火了？来，吃点儿药吧。"西方人则大多会视而不见地程序化问候："你好吗？"

大多数西方人不仅不关心别人，而且不希望别人关心自己。比如，中国人普遍以尊老爱幼为美德，对此，大多数西方人并不认同：在西方社会中，帮助走路吃力的老人未必会获得感谢，被帮助的老人很可能会对提供帮助的人发火，表示自己有能力处理好自己的事，谁帮他就是看不起他。

第七，西方人往往会自然而然地与他人保持距离，中国人常亲密无间地相处。

西方人普遍重视隐私，彼此之间永存戒心，看起来很疏远；中国人则普遍有较强烈的交友、互助欲望，讲究"一回生，两回熟，三回见面是朋友"，会慢慢地由不认识到相互了解，再到亲密无间。

人与人要先建立信任，再共事，因为与不信任的人合作，很难有较高的效率和较好的结果。西方人建立信任多靠健全的法律——双方会在合作前签订合同,合作过程中,只要稍有不轨,就会受到法律的制裁;中国人建立信任则多靠心意的传递、相互的了解,因此,中国人很爱在合作前"套近乎",问东问西,尽量全面地获取对方的信息。

第八,西方人之间多为利害关系,中国人之间多为势利关系。

很多人认为中国人非常重视利害关系,其实错了,西方人才普遍重视利害关系。

在西方社会中,国与国、组织与组织、人与人之间,几乎全是利害关系,少有道义可言。

在中国社会中呢?中国人之间的关系多为势利关系。

利害关系与势利关系有很大的不同。举个例子,公司里有一个员工,表现得很不好,公司老板对他很不满意,这时,若老板能利索地做主辞退该员工,两者之间的关系为利害关系;若虽然该员工表现得很不好,但是他有资源、有势力,辞退他会惹到麻烦,老板再不满意也只能留着他,两者之间的关系为势利关系。

可以说,势利关系是复杂的利害关系。

由此可见,大多数西方人的人际关系相对单纯,大多数中国人的人际关系相当复杂。

西方人多用"二分法"区分事物,对就是对,错就是错;中国人则不然,大多了解"错,绝对不可以;对,常常没有用"的道理,对与错之外,涉及是否圆通的问题。

正所谓"水至清则无鱼,人至察则无徒",大多数中国人既厌恶是非不分的人,又讨厌是非过于分明(不圆通)的人,追求的是"在圆通中分是非"——把是非分得大家都有面子，既不得罪人，又不讨好人，更可能拥有良好的人际关系。

很多人说："中国人喜欢拉关系、靠关系。"这句话很容易导致不了解中国人的人误解中国人，朝着坏的、不正当的、不合法的方向设想中国人的行为。

有些自视正派的人认为某些人的成功是讨好他人的结果，而自己的成功是凭本事获得的，甚至公开宣称："我从来不靠关系，我现在拥有的一切，是完全凭真本事得来的。"殊不知如果一个人毫无能力，是无法完全依靠人际关系成功的。

所谓的"靠关系"并没有那么不堪，因为即便有高超的能力，如果人际关系恶劣，也不可能成功。

"在家靠父母，出门靠朋友"说的就是人际关系的重要性。

当然，社会上，利用人际关系作恶的人也不少，比如，先用心经营不正常、不正当的人际关系，再营私舞弊、祸国殃民；再如，因为自己不擅长与他人建立良好的人际关系，所以带着嫉妒、不满、异化、抹黑原本正常的人际关系。

在这些人的影响下，建立、经营良好的人际关系成了负面行为，似乎正派的人从不在人际关系方面用精力，只有心术不正的人才会关心自己的人际关系。

这样看待人际关系，自然会有偏激的人际交往态度。

人际关系本身是中性的，用对了，便是良好的人际关系；用错了，自然会产生不好的影响。行为正当的人，实在不必对"拉关系""靠关系"等词过分敏感。拥有良好的人际关系，获得更显著的成就，何乐而不为？

处理人际关系需要伦理道德规范

在中国，伦理观念已非常完善。

《孟子》中有"父子有亲，君臣有义，夫妇有别，长幼有序，朋友有信"，大意为"父子之间有骨肉之亲；君臣之间有礼义之道；夫妻之间有内外之别；老少之间有尊卑之序；朋友之间有诚信之德"，这是大多数中国人处理人际关系的行为准则。

自古以来，中国人制定了形形色色的准则，无非是为了加强对个人的约束，提醒我们除了自己，身边还有很多与我们有各种关系的人，我们的言行要格外谨慎。

君臣、父子、夫妇、兄弟、朋友这五伦是需要特别关注的，对很多中国人的言行产生着重要的影响。

既然伦理是大多数中国人处理人际关系的准则，那么，中国人的人际关系势必普遍有伦理的烙印。其实，自古以来，大多数中国人之间根本没有所谓的"人际关系"，因为中国人普遍建立的是一种人伦关系。想把西方人普遍关注的人际关系移植过来的错误行为是导致中国社会中人与人之间的关系越来越紧张的罪魁祸首。

对比人际关系和人伦关系，最主要的差别是前者主张"平等"，后者重视"合理的不平等"。具体而言，西方人普遍主张"人生而平等"，于是发展、完善形成了平等的人际关系模式；中国人则普遍有独特的伦理观念，认为"人一出生就不平等"——就算是同一个家庭、同一对父母养育的子女，在资质方面也各不相同，遑论人们出生、成长在不同经济水平、不同社会地位、不同环境氛围的家庭中呢？先天不平等，后天也不可能平等，最多经过合理的调整，做到合理的不平等。

中国人普遍认同的伦理观念就是对这种合理的不平等的解读结果：父子应该各守其分、君臣（现代社会中的上司与下属）应该各自扮演好自己的角色；人与人之间，必须掌握好合理的不平等的分寸，而不是追求"平起平坐"的不合理的平等；必须慎重地把握相处的度，以免不明不白地遭受"平等"的祸害……

只要认同"合理的不平等"这个观念，很多问题会迎刃而解。很多人过于追求平等，殊不知这种行为才是导致大家都不幸福的罪魁祸首。

人有胖瘦之分，两个人坐在一起，胖的人占的位置大一点儿，瘦的人就让出来一点儿；两个人吃一份餐食，喜欢吃这种餐食的人多吃一点儿，不喜欢吃这种餐食的人就少吃一点儿，这都很合理，为什么非要一人一半呢？世界上，相对的平等很常见，绝对的平等几乎没有，这一点，越早认识到对自己越有利。

中国人普遍重视做人、做事的道理，若只会做事，不会做人，因处理不好人际关系而得罪很多人，怎么可能好好地做成事呢？先好好做人，再好好做事，更可能有事半功倍的效果。

处理人际关系的做法，既是做人原则的体现，又是做人的技巧。

提起做人的技巧，免不了会说到权谋、圆滑（的行为）、奸诈（的行为），引起很多人的反感。其实，只要让自己的行为符合伦理道德规范，就可以使权谋变成权宜应变、因时制宜，使圆滑（的行为）变成圆通（的行为），使奸诈（的行为）变成机警（的行为）。

若是只学做人的技巧，忽视伦理道德规范，很容易误入歧途。做人、做事应该有策略，但不应该玩弄权谋，换句话说，一切要求应该正当、合理，不应该有不正当的念头。

对大多数中国人而言，只制定明确的法律是不够的，因为中国人大多不喜欢做，且不会做违法的事，取而代之的是喜欢动脑筋做法律没有明确规定的事。面对这种情况，必须及时用伦理道德规范来约束人们的行为，才能获得良好的效果。

> **对大多数中国人来说，出自《礼记·礼运》的理想状态"夜不闭户"不是靠制定法律实现的，而是靠提高伦理道德规范的约束强度实现的。**

总之，大多数中国人建立的人伦关系的重点是"合理的不平等"：对上要有礼貌，但不可以谄媚、讨好；对下不宜太严，但不可以过分宽松、纵容；对同级不必太拘束，但不可以过分熟络到不拘礼的程度。其中的轻重，需要因人、因时、因地、因事合理处理，做到公正的、合理的不平等。

良好的人伦关系，是需要人们用心维护、不断改善的。

人伦关系与人际关系的主要不同已在前文中详细介绍，为了叙述方便，后文中，会统一使用如今大家更熟悉的词语：人际关系。

目 录

第一章 大多数中国人的特性

言——模棱两可,言不由衷 002

行——谨慎小心,反求诸己 014

心——追求圆通,善于自保 023

性——爱占便宜,死要面子 032

第二章 建立人际关系的基本准则

正视自己 040

善待他人 048

规避三大禁忌 055

第三章 十大要领——人际关系的催化剂

一表人才 060
两套西装 066
三杯酒量 070
四圈麻将 076
五方交游 080
六出祁山 086
七术打马 090
八口吹牛 094
九分努力 098
十分忍耐 100

第四章 良好沟通——人际关系的润滑剂

沟通的作用 105
沟通的现象 107
沟通的艺术 116
沟通的层次 124
沟通的原则 129
沟通的方向 131

第五章 如何处理内部工作关系

- 老板如何处理人际关系 138
- 干部如何处理人际关系 158
- 基层员工如何处理人际关系 172

第六章 如何处理外部工作关系

- 老板的个人公关 181
- 企业的分工合作 185
- 安顾客是为了生存 190
- 安社会是为了发展 194

第七章 家庭关系是终身学习的必修课

重视家庭 198
夫妻和谐 205
孝敬长辈 211
教养子女 219

第一章 大多数中国人的特性

《孙子兵法》有言:"知己知彼,百战不殆。"

对大多数中国人来说,建立人际关系时,用心地了解对方在说什么、想什么是非常重要的。

言——模棱两可，言不由衷

俗话说，言为心声。很多西方人认为，中国人的心普遍难以捉摸，中国人的话听起来常有模棱两可的感觉。

大多数中国人一方面主张"逢人只说三分话"，另一方面主张"知无不言，言无不尽"。

"逢人只说三分话"是对交情不深、关系不近的人而言的，因为人心隔肚皮，知人知面不知心，应当小心试探；"知无不言，言无不尽"则是对交情深厚、关系密切的人而言的，因为大家亲如一家人，不需要互相隐瞒。

不过，"逢人只说三分话"和"知无不言，言无不尽"都不是绝对的。

大多数中国人主张的"逢人只说三分话"是含有"知无不言，言无不尽"的意思的——所谓的"三分"，既可以是"三分流水七分尘"的"三分"，又可以是"天下只有三分月色"

的"三分",具体说什么、说多少,要视当下的情况而定。彼此尚不熟悉时,当然"未可全抛一片心";等到互相信赖了,即可"知无不言,言无不尽"。

同样,大多数中国人在"言无不尽"的时候,不会全然忘记"逢人只说三分话",因为就算彼此关系密切,有的话也可能会伤害对方的自尊心,或者引起对方的嫉妒。说话时有适当的保留是合理的:说三分,留七分,那七分是心照不宣的。

听话不如"看"话

不了解中国人的人,常觉得中国人很难捉摸,比如,很多外国人经常不解:"我明明听懂了他的话,为什么给出回应后他会不高兴?"这是因为中国人说话通常包含很多意思,能听懂表面意思,不代表能听懂言外之意。

有时候,有些中国人不说话,只是给一个眼神、一个动作,就传达了很多意思。听懂这些言外之意,需要彼此有默契。

如果没有默契,想明白不明言的中国人到底在说什么确实很难。下述传说就说明了这一点。

传说苏东坡被贬至黄州后,在一天傍晚和好友佛印和尚泛舟长江时突然用手往岸上一指,笑而不语,佛印和尚顺着苏东坡的指向望去,见岸边有一只黄狗正在啃骨头,顿有所悟,想了想后将自己手中题有苏东坡诗句的蒲扇抛入水中,两人相视一笑,心领神会。

他们心领神会的是什么？原来，这是二人凭默契对了一副哑联：苏东坡的上联是"狗啃河上（和尚）骨"，佛印和尚对的下联是"水流东坡尸（东坡诗）"。

要想达到苏东坡与佛印和尚这般心灵相通的程度，除了要有默契，还要有较高的智商。

再讲一个传说，传说的主角是秦二世胡亥和宦官赵高。

秦朝末年，野心勃勃的宦官赵高把持朝政。为试探群臣是否臣服于己，一日，赵高在朝堂上演了一出荒唐戏码——牵来一只鹿献给秦二世胡亥，高声宣称这是"千里马"。当时，胡亥愕然反驳："丞相错了吧？这分明是一只鹿！"赵高闻言冷笑着扫视群臣，逼众人表态。胆怯者战战兢兢地附和："是马。"中立者一言不发，耿直者则大胆直言："确实是鹿。"

事后，赵高用铁血手腕铲除异己（耿直者及部分中立者），彻底将胡亥架空。

这一出荒唐戏码是成语"指鹿为马"的出处。后世有人将该成语解读为不明是非、颠倒黑白，其实并不是很恰当——赵高是在故意借此明确自己在朝廷中有多大的权势，他真正的话意是"你们是服从胡亥，还是服从我？"。

被后世嘲笑的"不明是非、颠倒黑白"的群臣，其实才是真正听懂了赵高的话意的人。

❦ 案例

有一天，我搭出租车前往某地，没想到常走的大路因发生事故而被封锁，司机只能改走小路。小路蜿蜒曲折，司机不太熟，越走越没把握，便停下来向路边的一位老先生问路："老先生，请问我要到××去，应该怎么走？"

老先生不慌不忙地回答："有路就可以走，多问几次就到了。"

这两句话，听着既感觉十分有道理，又感觉有点儿摸不着头脑。我还在思考时，司机已经表示了感谢，信心满满地向前驶去。

我觉得很纳闷，便问司机："你已经知道应该怎么走了？"

司机说："知道了。他说'有路就可以走'，说明咱们现在走的路是对的——如果这条路是错的，他是不会这么说的，而是会为咱们纠偏。'多问几次就到了'则说明后面会有几个岔路口，到时候一定要及时问路，不要乱闯。"

经司机这么一解释，我恍然大悟。原来话可以说得如此简单明了，两句话就可以交代清楚复杂的路况。如今很多人只听不想，以致听不懂很多有水平的话，实在是一种遗憾。

切勿草率地判定中国人说的话不容易听懂，与中国人交往时，听话不如"看"话。

中国人很少说"听他说什么"，而是常说"看他怎么说"。

很多中国人说的话听起来含糊，"看"起来清楚。中国人大多喜欢简单明了地说话，短短的一两句话，含意很深，因此

"看"了之后，还要多想。换句话说，"看他怎么说"不能单用眼睛看，还要动用"心眼"，以便同时听懂话中的话及话外的话。

"心眼"要大才能听到真心话，"心眼"太小就成了"小心眼儿"，很容易以小人之心，度君子之腹。如果对方有难言之隐，千万不要用不正当的心思去曲解对方的本意。

一句"你看着办吧"，真正的话意是"全权委托给你"，是"猜猜我的用意"，还是"居然把事情做成这个样子，你自己收拾烂摊子吧"？简单的5个字，足够让听者思前想后、辗转反侧了。

用耳朵听不懂的时候，就要用眼睛看，并多动动脑筋。

怎么理解聪明的中国人说的话？你看着办吧！

"随便"并不随便

很多中国人常说"随便"。比如，请客吃饭时，多数请客者会说："没准备什么好菜，随便吃点儿。"但其实菜肴非常丰盛。在这种情况下，做客者若真的随便吃喝，丝毫不客气，即使宾主交情甚深，请客者也会不太舒服：你未免太随便、太不讲究了！

"随便"这个词，在日常生活中使用，常见3种含义，简述如下。

含义一：看看你的诚意。

被问到要什么的时候回答"随便"，真正的话意是"请你自己衡量自己的能力，看看可以为我提供什么"。

很多中国人认为，我说"随便"是不想为难你，但如果你真的"随便",就是轻视我。

比如,我到你家做客,你问我喝什么,我要喝咖啡,你没有,岂不是很尴尬?因此我会说"随便",给你留面子。如果你没有咖啡,但是给我端上了一杯好茶,我也会很高兴,因为你没有随便地应付我;如果你真的随便地给了我一杯白开水,那我肯定会不高兴,因为你明显不重视我。

再如,你请我吃饭,问我想去哪里用餐,我当然不能直接提议去豪华酒楼:万一你预算不足,我岂非自讨没趣?但我也不愿意自贬身价,直接选择普通餐厅:不仅显得寒酸,而且有让你误会我看不起你的风险。最好的办法是说"随便"——可以根据你的选择,了解你认为如何招待我合适,以及我在你心中有怎样的地位,以便我调整自己与你相处时的态度。如果你经济拮据,只够请我去普通餐厅,我不会有什么怨言,因为你有诚意,我不在乎吃什么;如果你手头宽裕,能够请我去豪华酒楼,但只请我去了普通餐厅,我必然不满,因为这说明你不重视我。

说"随便",为的是和谐地找到合理的相处方法。

❀ 案例

甲和乙是好朋友,一天,乙到甲家做客,甲热情地招待乙,问道:"喝点儿什么?"乙回答道:"随便,随便。"

甲在心中盘算:家里确实有一瓶好酒,但那是留给老板(丙)的,拿给乙喝不太值,还是算了吧,换一种饮品。

衡量过自己与乙的关系后,甲决定泡一壶好茶招待乙。

乙见甲端出来的不是白开水,并没有敷衍自己,自然很高兴。

然而，甲乙二人相谈正欢时，丙不期而至。这时，再喝茶就不太合适了，甲陷入了两难境地：该不该将好酒拿出来？如果拿出来，一定会得罪朋友（乙）；如果不拿出来，很难招待好爱喝酒的老板（丙）。

深谙圆通之道的甲仅斟酌了片刻，便想好了处理此事的方法。

甲大声地对自己的太太说："你把咱们家的好酒藏到哪里去了？还有吗？我刚才找了半天找不到。"

甲的太太瞬间明白了甲的意思，大声地回答："我昨天打扫厨房，怕把它弄脏，特别藏起来了。"

话音刚落，甲的太太就拿着好酒出来了，并主动进厨房去准备丰盛的下酒菜。

这次做客，乙和丙都很高兴。甲呢？巧妙地化解了危机，更是高兴。

当着客人的面大声地对太太说话，这是甲在使用很多中国人常用的绝招。在处理人际关系的过程中使用这一绝招，有时有转危为安的决定性作用。

中国人大多知道"如果两个人大声说话，便是在说给其他人听"的道理，并且能够掌握时机，自如地使用这一绝招。

甲很清楚，老板前来做客，就是想喝自己家的那瓶好酒了，可是自己明明有好酒，朋友来了不拿出来，老板来了才拿出来，朋友心里肯定不高兴。不拿出来，会得罪老板；拿出来，会得罪朋友，怎么办呢？大声地对太太说话能解决这一难题。

说"我刚才找了半天找不到"这句话的目的是告诉朋友：我本来想请你喝，但是没找到。

至于老板，听到甲和太太的对话后，很可能非常得意：就算你（乙）是甲的好朋友，也没我的面子大，哪怕是"特别藏起来了"的东西，我来了也得拿出来。

想圆通地处理人际关系，对类似绝招的使用是少不了的。

含义二：仅有物质不足以表达敬意，必须继续提供情绪价值。

以请客吃饭为例，即使请客者准备了很多佳肴，仍然要说"随便吃点儿"，真正的话意是"虽然这些菜很好，但我总觉得应该有更好的菜才足以表达我对你的敬意"。如果做客者认为过于丰盛，会说"太破费了"，但心里一定喜滋滋的；如果做客者觉得不够丰盛，在请客者说了"随便吃点儿"这样的话后，也不至于不满。

以赠送礼品为例，中国人大多会在送出礼品时轻描淡写地说："随便买的。"这不是因为中国人大多谦虚，而是因为中国人普遍认为精神重于物质——千里送鹅毛，礼轻情义重。与此同时，中国人大多善于换位思考，希望对方不会有"受之有愧"的负担。

大多数中国人讲究"尽心尽力"，只要尽力了，对方多半会给予体谅。

含义三：我有我的意见，只是不便说出来。

对下属来说，被老板征求意见时，最好不要轻易说"随便"，建议明确地请老板做主。因为说"随便"意味着有自己的意见，只是不便说出来。

"随便"是"无可无不可"的意思。人与人之间的关系是很微妙的,时时有变化,如果冒冒失失地说出自己的意见,很可能导致对方非常为难,不如将心比心,说一句"随便",给彼此留下商量的余地。

既然"无可无不可",那么,"随便"当然不是对任何人、任何事,在任何地方通用的。有的时候,说"随便"也会给对方造成困扰。比如,晚辈最好不要对长辈说"随便",因为很可能会显得不太尊重对方。再如,朋友之间有时也不宜说"随便",以请客吃饭为例,在请客者境况不佳的时候,做客者可以为了保全对方的面子,主动说:"我最近肠胃不好,忌油腻,在这个家常饭馆吃点儿素菜就行。"

> "随便"的真正话意并不是"差不多"或"怎样都行",而是"合理就好"。

听到别人说"随便",要知道其真正的话意大多为"你自己想想怎样做合理,只要合理,我就支持!"

说"随便"绝不是放任别人马马虎虎地对待我们。我们可以将心比心地想一想,既然不希望别人马马虎虎地对待我们,当然就不应该马马虎虎地对待别人。因此,不该随便的时候,绝对不可以随便。

站在不随便的立场上说"随便"才合理。

☯ 不反对并非赞成

大多数中国人处事的基本立场是不偏不倚的:既不随便反

对，又不随便赞成。所有事情都是在不断地演变的，很多原本可以赞成的事情，演变到最后，让人不得不反对；而很多原本应该反对的事情，有越演变越值得赞成的可能性，因此，大多数中国人不愿意随便反对或赞成。

在事情尘埃落定的时候，很多中国人会当机立断地给出明确的态度。

不过，如今还有一种现象，即部分警觉性特别高的中国人即使在事情已经尘埃落定的情况下也回避公开表态，因为一旦明确表示赞成，很容易获得反对该事的人施加的压力，而一旦明确表示反对，很容易获得赞成该事的人设置的阻挠，徒增麻烦。

这样的中国人，习惯含含糊糊地表态："这件事嘛，呵呵……"

这样的中国人之所以如此处事，是因为没有安全感：赞成或反对都像下赌注，一旦押错宝，后果惨重。其实，只要能保证他们的安全，想让这样的中国人表明自己赞成或反对的立场并不难。古时候，大臣们在说可能冒犯皇帝的话之前，总会要求皇帝饶他不死，这就是寻求安全的表现。

举个例子，如果有人问你："你赞成领导针对这件事的处理方法吗？"你会怎么说？

碰到这种情况，对方很可能是不怀好意地挖了陷阱让你跳，因为不管你是说"赞成"还是说"反对"，都对自己不利——不是被利用，就是被嘲笑。

聪明的中国人一般不会直截了当地表明态度，而是会先反问："你认为如何？"再兼顾赞成、反对立场上的不同看法，得体地表述自己的意见。

> 中国人大多明白,"不赞成"并不等于"反对","不反对"也并不等于"赞成"。

也许有人认为不敢轻易表态的中国人不够实在,有见风使舵、虚情假意之嫌,且缺乏胆识、没有担当。其实,大多数中国人既不赞成,又不反对的态度,本质是赞成中有反对、反对中有赞成,不是不分是非。

赞成中有反对、反对中有赞成的态度,是便于对方接受的态度。比如,同学对你说:"我打算毕业后立刻出国留学,你赞成吗?"你会怎么回答?如果你不赞成,最好回答:"我不赞成你毕业后立刻出国留学,但是如果你已经准备得十分周全,知道自己想学什么、学成后要做什么,我当然不会反对你这么做。"如果你赞成,则最好回答:"我赞成你毕业后立刻出国留学,但是如果你还没有做好万全的准备,并不知道出国后要学什么、学成后要做什么,我建议你不要太冲动。"

赞成中有反对、反对中有赞成,如此表态,一方面能够确保自己是客观的、安全的,另一方面能够让对方更加冷静地面对现实,自己做最后的决定。

中国人普遍认为,公开的赞成或反对不一定可靠,不如采取观察、试探、测试、迂回打听等方式,独立进行合理的判断。

> 在明确事情的前因后果后,可以合理地表示赞成或反对。最重要的是不要冒失地表态,以免被利用或被看不起。

注意，因怕得罪人而吞吞吐吐地既不敢赞成，又不敢反对，是心术不正的表现，终将被身边人厌恶，不会有大好前程。合理的赞成加上合理的反对，才是正当的行为。

换个角度看，在人际交往的过程中，圆通的人是不会直接问别人对某事是赞成还是反对的，以免有别有用心之嫌。"针对××，你有什么看法？"这类较委婉的提问方式更加得体。

行——谨慎小心,反求诸己

"合理就好"的理念,让中国人格外关注自己的言行,力求所有行动都能够把握好分寸。

在人际交往的过程中,谨慎的人就像刚进贾府的林黛玉,不敢轻易多说一句话、多走一步路。

☯ 先明确对方是谁

在人际交往的过程中,大多数中国人需要首先明确对方到底是谁。

中国人普遍认为"有人才有事",很难"对事不对人",因此常把人和事紧密地联系在一起。在中国社会中,听到什么话不重要,明确相关的话是谁说的、是对谁说的比较重要,否则,很难判断听到的话究竟是对的还是错的、是真的还是假的。

由此可见,明确对方是谁是进行人际交往的第一步。

中国人普遍擅长给身边的人"差别待遇"，即经常用不同的态度对待不同身份的人——如果你的职位比我高，那么不管你说什么我都会认真考虑、尽量听从；如果你的职位和我一样，那么我会用"来而不往非礼也"的态度对待你；如果你的职位比我低，我不会以大欺小，你也绝对别想以"下"犯"上"。

这样的中国人是没有是非观念吗？并不是。不过，在中国社会中，职位低的人是不宜反驳职位高的人的。

如果你的老板冤枉了你，你会怎么做？据理力争的话，老板或许会明白自己有错，但这又如何呢？他身为老板，竟然冤枉了下属，一定会觉得相当没面子。

很多中国人会在自觉没有面子的时候设法找回面子。在错怪下属的情况下，老板如何找回面子？很简单，查找下属的问题，只要发现了问题，自己的面子便找回来了。人非圣贤，孰能无过？任何人被认真地查找问题，都很难"毫无问题"。

换种处理方法。如果你能够在老板冤枉你时保持沉默，一句话都不说，老板会怎么想？很可能会觉得奇怪："他不像会犯这种错误的人，且既不认错，又不道歉，难道是我冤枉了他？"带着这样的疑问去复盘，发现自己确实冤枉了你后，老板大概率会因心生愧疚而善待你。

一般来说，老板冤枉下属纯属偶然，很少有老板故意颠倒是非。因此，被老板冤枉时，沉默以对比据理力争好——无心的过失应该得到谅解，我们没有必要得理不饶人，用沉默来暗示老板自己是被冤枉的，更有利于老板自己反思、自行校正。

同样的事情，换个对象会怎样？

如果有人和你职位相当，却到处宣扬你犯的错误，你会怎么做？大概率会积极地寻找对方的过失，以其人之道还治其人之身。

这不是面子问题，也不是心胸狭窄的表现——如果对方发现你犯了错，选择当面规劝，虽然你可能一时难以接受，但是在对方真心为你好的情况下，你想通后自会心生感激，怎么会记恨对方呢？现在的情况是，对方没有选择私下对你说，而是到处宣扬，让你难堪。大多数中国人的处事原则是你对我好，我就对你好；你不仁，就别怪我不义。被伤害后积极地寻找对方的过失，以其人之道还治其人之身，是无可厚非的。

如果有人的职位比你低，却敢在背后宣扬你的过失，你会怎么做？大概率会毫无顾虑地反击，让对方明白做人的道理：有话最好当面说，不要在背后嚼舌根。

由此可见，对象不同，我们面对同类事情的处理态度是不同的。

先明确对方是谁，再合理应变，这是通用的"经"；如何应变，这是个别的"权"。

中国人普遍重视伦理，因此格外关注社交对象的身份、地位，以便依据对方的身份、地位，给出合理的反应、建立良好的关系。这不是势利，只要保持合理的程度，不要前倨后恭，就没有什么不妥。

相传，清代书法家郑板桥去一个寺院游玩时，曾主动拜见该寺院的方丈。

两人见面后，方丈见郑板桥衣着俭朴，以为他是普通的俗客，便冷淡地说："坐。"并扭头对小和尚喊："茶。"

交谈片刻后，方丈感觉郑板桥谈吐非凡，便起身将其引入厢房，恭敬地说："请坐。"同时吩咐小和尚："敬茶。"

细谈许久后，方丈方知来人是赫赫有名的扬州八怪之一的郑板桥，急忙将其请至雅洁清静的方丈室，连声说："请上坐，请上坐。"并急切地吩咐小和尚："敬香茶！"

郑板桥离开前，方丈再三恳求郑板桥题词留念。郑板桥思忖片刻，挥笔写了一副对联，上联是"坐，请坐，请上坐"，下联是"茶，敬茶，敬香茶"。方丈一看，羞愧满面，连连向郑板桥施礼，以示歉意。

这个传说通常用来讽刺方丈为人势利，其实细想想，方丈并无大错——俗客众多，人人都能得到请上座、敬香茶的待遇吗？明显不现实。方丈是在根据客人的身份选择不同的待客方式，没想到见面时看走了眼而已。

☯ 小心才不会上当

西方人普遍善于通过法律途径维护自己的权益，非常鄙视行骗的人，一方面借此震慑、约束他人，另一方面谨防自己上当。中国人则不同，我们很少主动约束别人，只会不断地用"防人之心不可无"来警示自己。中国人很少责骂行骗的人，反而会在同情之外，嘲笑被骗的人："你怎么这么笨，这种当也会上？"好像出现骗局的责任不在行骗的人，而在被骗的人。

其实，大多数中国人嘲笑被骗的人的目的与西方人普遍鄙视行骗的人的目的完全相同，都是遏止骗局的出现。

西方人普遍鄙视行骗的人，以求使其备感压力，抬不起头来；大多数中国人则认为人应当各自小心，不要上当，使行骗的人无从下手。

西方人的常见的想法与做法没错：只要大家齐心协力地鄙

视行骗的人，正常人就不会行骗。大多数中国人的想法则更实际：要求别人不要行骗，远不如要求自己提高警惕可靠。

所谓"防人之心不可无"，其实就是警示大家自己小心、不要上当。

试想，如果你和某人初次见面，就坦诚地对对方说："我是一个老实人，人家说什么我都相信，所以请不要骗我。"对方会怎么想？很可能会想："他这么容易被骗，不骗他骗谁？"如果你怕太坦诚会吃亏，强硬地对对方说："你小心一点儿，不要骗我，否则我要你好看！"对方会怎么想？很可能会想："只要我能骗到你，就说明你不如我，你怎么要我好看？"结果照骗不误。

一般情况下，聪明的中国人既不会坦诚地亮底牌，又不会强硬地放狠话，除非他真的有在拆穿骗局后让对方吃苦头的能力。比如，老板可以对干部说："我不会亏待你，但你千万不要骗我，否则我绝不轻饶你。"若干部不知好歹地骗老板，老板是能够在拆穿骗局后开除对方的。

如果认为中国人专门欺负弱者，谁吃亏就笑谁，没有同情心，那就错了。大多数中国人只有在面对亲近的人时才会肆无忌惮地嘲笑对方，因为大多数中国人嘲笑受骗者的目的是加深受骗者对骗局的印象，使其加倍小心，以免再次上当。面对受骗的陌生人、交情不够深厚的人，大多数中国人不会当面嘲笑对方，只会给予同情。

需要注意的是，"加倍小心，不要上当"的真正话意并不是"不要相信别人"，而是"不要给坏人可乘之机"。

因为加倍小心，才会时时用心，在可以相信对方的时候用人不疑，在不可以相信对方的时候疑人不用。"用人不疑，疑人不用""知人知面不知心"等都是大多数中国人常说的话，看起来互相矛盾，其实有因时制宜的大智慧。

在人际交往的过程中，我们可以选择相信别人，也可以选择不相信别人，信与不信，需要自己判断。

相信别人，最好只相信到合理的程度，一旦感受到不合理，便及时唤出自己的防备心。

站在不相信的立场上相信，才不至于轻易上当。行骗的人当然不对，被骗的人也未尝全对，谁叫他不小心呢？"防人之心不可无"，这句话永远不会过时。

人是群居动物，良好合作才能长久生存。吃亏、上当，没有人喜欢，类似的事情却经常发生。为什么呢？主要是因为很多人喜欢占小便宜，以致因小失大。

想要降低吃亏、上当的概率，最有效的方法是牢记"勿贪小便宜"。

☯ 凡事都追求合理

大多数中国人做事追求合理，换句话说，把事情做到合理的程度，才会被大多数中国人接受。

追求圆通的中国人并非不重视典章制度，但也明白典章制度容易因僵化而不合时宜，因此，在典章制度的范围内，大多数中国人喜欢权宜应变，以求合理变通。

大多数中国人认为，既然人与人是相互影响的，就应该在人际交往的过程中努力反求诸己，即在要求他人合理前，先要求自己合理，以便用自己的合理来影响他人，使他人亦能合理。

虽然针对某行为是否合理，不同人的标准有不一致的可能，在标准碰撞的过程中，起争执是在所难免的，但只要出发点是好的，至少问心无愧。

自己的行为是否合理，可以根据他人的反应进行判断。换句话说，在交往对象有不合理的行为时，与其急着指责对方，不如尽快反省自己的行为是否合理，如果自己有错，立刻调整，对方很可能会跟着有所变化。

想改变对方，最有效的方法是先改变自己。

举个例子。大多数中国人认为，朋友的朋友是朋友，敌人的敌人也是朋友，人与人之间的关系很复杂。因此，在不清楚对方意图的情况下，中国人一般不会贸然向探问者明确自己和另一个人的关系——直接探问交往对象和另一个人之间的关系很容易得到模棱两可的答案。交往对象有这种看似不真诚的"不合理行为"，其实是探问者自己有不合理行为导致的。

❋ 案例

乙和丙是熟人，身边的朋友都知道。

一天，刚刚认识乙的甲在和乙聊天时，突然提到丙，问道："你认识丙吗？"

乙愣了一下，紧接着回答："不认识。"

因为不知道甲有何意图，所以乙下意识地隐瞒了自己和丙的熟悉情况。

乙的"不认识"这句回答，虽然只有 3 个字，但是可以有很多种解读，包括但不限于"真的不认识""虽然认识，但是并无交情""认识是认识，但跟不认识差不多""你有什么事情，为什么要问我认不认识他""你少打我的主意，我认识不认识他与你无关"。

乙回答"不认识"，有很多好处，简单列举两点如下。

第一，能降低风险、省却口舌、避免引来麻烦。

如果乙在不清楚甲这么问的意图的情况下回答"认识"，甲很可能会接着说："那真是太好了，我有一件事需要找丙帮忙，你引见一下可以吗？"

若真的如此，乙不是自讨苦吃吗？这时候说"可以"，会给自己，以及丙带来不少麻烦；说"不可以"，则等于在驳甲的面子，很可能令甲不满："这点儿小忙都不愿意帮，真过分！"

要知道，得罪一个人的后果是很严重的，尤其是不能得罪小人。

第二，能探听 / 获得更多信息。

如果丙对乙心存不满，向甲抱怨过几句，甲多半不敢在不清楚乙和丙的关系的情况下直接传话，先问问乙是否认识丙，是甲的自保策略之一。

在这种情况下，假如乙回答"认识"，甲应该就不会再说什么了，以免有搬弄是非之嫌，这样，乙会失去探听 / 获得信息的机会。乙回答"不认识"，甲才有可能放心地告诉乙："你不认识的××对你的××行为有意见，你注意一下。"乙能由此了解丙对他的不满，采取适当的对策。

明明很熟，却故意说不认识，乙有这种不合理的行为，完全是因为甲先有不合理的行为——打听别人之间的关系前，应该把目的说清楚，比如"丙托我给你带了礼物，原来你和他早就认识呀"，而非直接探问。

获知甲询问的目的后，乙一定会给出更真诚的回答。

那么，如何主动纠正自己的不合理行为呢？得到乙的"不认识"这句回答后，甲可以调整一下自己的问题，把询问的原因说出来："哦，那可能是我搞错了？他说他和你很熟，我本来想同时约上你和他，一起吃个饭。"

甲纠正了自己的不合理行为后，乙自然会将自己的行为向合理的方向调整，比如作恍然大悟状："哦，你说的是××（丙）啊？抱歉，我刚才没听清，还以为你说的是××（丁）呢！我们可以一起吃饭！"

不要以为从"不认识"调整到"认识"很难，大多数中国人拥有足够的智慧，进退自如，因为凡事早已留有余地。

先说明自己的目的，再提出问题，给对方斟酌的空间，这才是合理的行为。可惜，很多人不明白这一点，从不反省自己考虑的是不是周到，一味地指责他人不真诚，实在让人啼笑皆非。

心——追求圆通，善于自保

大多数中国人会根据品性将人分成君子和小人。

针对君子和小人，历史上有很多种界定说法，比如"君子怀德，小人怀土；君子怀刑，小人怀惠"，再如"君子喻于义，小人喻于利"，又如"君子和而不同，小人同而不和"。

人们向来敬重君子，但事实上，君子通常斗不过小人，因为君子从不做亏心事，认为自己不必关注人际交往技巧，以致时常得罪人，引起他人的怨恨，甚至报复；小人则非常重视对人际交往技巧的掌握，很会笼络人心。

作为君子，为什么不尝试改变一下，通过掌握人际交往技巧提高自己的社会竞争力呢？

☯ 圆通而不圆滑

在中国社会中，人们常认为小人圆滑，对小人充满鄙视，这是因为大多数中国人很讨厌圆滑，任何人只要给别人一种"滑头"的感觉，便成为别人心中狡猾的人，注定没有远大前程可言。

君子当然不应该圆滑，但是可以努力圆通，否则会在与小人的斗争中处于劣势。

圆通是中国人普遍认可的，但可悲的是，如今很多中国人不爱动脑筋，看事情缺乏深度，常将圆通看成圆滑。

虽然圆通和圆滑只有一字之差，且表现在行为上都是推、拖、拉，一副打太极拳的模样，但是两者有本质不同，列举如下。

第一，圆通和圆滑的过程类似，但结果截然不同。推、拖、拉到最后，能够圆满地解决问题，为圆通；推、拖、拉到最后，没有解决问题，或者问题解决得不够圆满，为圆滑。

第二，圆通的人善于利用短暂的推、拖、拉的时间进行充分思考，寻求对应具体情况的合理的行动方案，以便减少解决问题的阻力，使大事化小，小事化了；圆滑的人只想利用推、拖、拉拖延时间、逃避问题，换句话说，圆滑的人根本不想解决问题。

第三，圆通的人会努力通过推、拖、拉降低竞争压力，找到大家普遍觉得可以接受的问题解决方案；圆滑的人会试图绕过竞争直接获利，一旦失算，很可能悄悄地逃之夭夭。

圆通和圆滑表现在行为上都是推、拖、拉，这导致很多不愿意探寻两者的本质不同的人盲目地排斥推、拖、拉，视推、拖、拉为落伍、陈旧、腐败的行为，甚至因此失去圆通的本事，真是得不偿失。

其实，如果一味地认为推、拖、拉是恶习，很容易事事看不惯、整天不愉快，不如努力学习如何合理地推、拖、拉，以求进入圆通的境界。

圆通的人，往往会积极地面对现实、承担责任，且行事既不会伤害自己的面子，又不会伤害别人的面子。"面对现实"和"承担责任"可以用理智控制，"不伤害自己的/别人的面子"则需要感性地、艺术地协调。

想做一个真正圆通的人，需要既理智，又感性。对大多数人而言，这一点很难做到。

圆通是高难度的，一般人很难精于此道，一不小心就会流于圆滑、遭人唾弃。但是，难学也要学，因为只有学会圆通的处事方法，才能游刃有余地应对人际交往。

圆通和圆滑，差之毫厘，谬以千里。

什么叫圆通呢？举个例子，被夸奖后，要根据给予夸奖的人的不同，回复不同的话：面对夸奖我们的西方人，优先说"谢谢"；面对夸奖我们的日本人，优先说"请多多指教"；面对夸奖我们的中国人，则优先谦逊地说"哪里，哪里"。这种"见人说人话，见鬼说鬼话"的行为，就是圆通的行为。不够圆通的人，如果对西方人说"哪里，哪里"，对方很可能会觉得莫名其妙；如果对中国人说"谢谢"呢？对方很可能会不以为然地想："我不过是说说而已，你怎么当真了？"

不可否认，圆通有圆滑的成分，但更重要的是其中与圆滑无关的成分。我们先接受圆通的概念，再观察圆通的行为、分析圆通的必备要素，才可能掌握圆通的精髓。

想掌握圆通的精髓，以下两点需要特别关注。

第一，将心比心是圆通的先决条件。多用欣赏的眼光看待他人的圆通行为，比较容易取长补短、迅速成长。

第二，不要主观排斥推、拖、拉，也不要凡事第一时间就推、拖、拉，以免不小心变成令人厌恶的圆滑的人。

这两点很难做到，因为人有时会用不同的标准评价自己和别人，比如，自己推、拖、拉的时候，会认为自己在遵循事缓则圆的原则处事，看到别人推、拖、拉的时候，则立刻心生反感。

圆通说起来相当简单，做起来很难。处事的分寸，需要用心把握。

☯ 遇事先求自保

"明哲保身"是中国人普遍认可的人生哲学。

大多数中国人遇事先求自保，即遇到突发状况时，总会冷静地分析形势，当进则进，当退则退。

形势不利时，大多数中国人会选择及早抽身。正所谓"留得青山在，不怕没柴烧"，何必逞匹夫之勇呢？有些人反对明哲保身，认为善于明哲保身的人都怕死、虚伪、消极，其实不然，若一个人连自己都保护不了，何谈成大事、立伟业？

大多数中国人明哲保身的主要表现是深藏不露、以让代争、秘不外传，分别介绍如下。

● 深藏不露

深藏不露是大多数中国人立于不败之地的良好基础。

如果把自己的实力毫不隐瞒地展示出来，很容易遭人算计，岂不是自讨苦吃？中国人普遍认同"木秀于林，风必摧之"的道理，所以大多会选择韬光养晦、安然度日。

深藏不露是大多数中国人与众不同的心理。大多数日本人就算没有本事，也会装作很能干；大多数西方人有多少本事，就会抢多少机会；只有大多数中国人习惯深藏不露——先静观其变，再根据对形势的衡量选择对自己最有利的做法，时常不鸣则已，一鸣惊人。

中国人大多了解"树大招风"的危险，因此，不仅并不急于展示自己的能力，还非常喜欢伪装成能力不强的样子。

比如，擅长书法的人不轻易写字、会画画的人不经常作画，因为这样做比较省力、省事。若非如此，请字求画的人络绎不绝，不仅很容易陷入疲于应付的状态，还很有可能会因不慎厚此薄彼而得罪人。

再如，擅长打球的人参加球局时，通常会在上场前谦逊地交代一句："好久没打了，生疏啦。"如此一来，打输了不尴尬，打赢了也没有人会奇怪——大家都明白，上场前的客气话不过是深藏不露的表现。

有爱保留实力、不强求出头的习惯并不代表我们奸诈、不实在，相反，会让人觉得我们高深莫测。

真正深藏不露的人，大多有以下3个意识。

第一，人怕出名猪怕壮。

人越出名，可能遇到的麻烦越多；人越有能力，需要承担的责任越重。

很多人喜欢对有能力的人提出高要求，同时用包容、同情的态度对待没有能力的人。能者不仅必须多劳，还很容易招人嫉妒。因此，不如隐藏实力，凡事量力而为。

第二，切忌夜郎自大。

中国人大多会对自视甚高的人敬而远之，并在背后嘲笑他们不自量力。因此，可以有能力，最好不要炫耀自己的能力。

第三，谨记人上有人。

即使本领高强，也要谨记人上有人、强中更有强中手。深藏不露的好处之一是能够避免招来更强者的攻击、挑战，最大限度地减少麻烦。

深藏不露并不是不露，而是站在不露的立场上合理地露，以免露得过分或不及，对自己有害。

有能力，可以合理地表现，凡事量力而为才是恰到好处的做法。注意，大多数中国人主张不随便炫耀，但不反对合理地表现。

◉ 以让代争

社会生活难免需要直面竞争，大多数中国人不害怕竞争，且争起来常不择手段，因此，很多先贤不鼓励中国人参与竞争，认为能够不争的，最好都不要争；必须竞争的，最好以让代争。

> 能够不争的，最好都不要争；必须竞争的，最好以让代争——这是中国人普遍推崇的君子之争。

争是必要的，舍也是必要的。

什么都争，一方面很容易迷失在竞争中，以致不知道自己争的是什么、为什么要争；另一方面很容易给身边人留下恶劣的印象，让大家提高警觉，甚至联合起来加以抵制。在这种情况下，太会争、太喜欢争的人，往往什么都争不到。

什么都舍，同样很容易迷失，因为不知道自己要的是什么、不要的是什么。与此同时，什么都舍的人很容易给身边人留下消极的、不愿意负责任的不良印象，以致身边人不敢给予信任。

把"争"和"舍"融合在一起，该争的争，该舍的舍，才是圆满的做法。

以让代争是兼顾"舍"与"争"的权宜措施。站在不争的立场上争，往往能争得恰到好处。

注意，以让代争中的"让"并非消极地让，不是让给谁都行的。在冷静地思考之后，让最合适的人做最合理的事，才不会弄巧成拙。

千万不要不情不愿地打着谦让的幌子争，否则很容易变成虚伪的人。如果觉得自己就是最应该做某件事的人，可以当仁不让。

以让代争，关键在于合理地判断事情的轻重、缓急，把握好让的分寸。

聪明的中国人，大多懂得如何半推半就地接受当仁不让的任务。半推半就的重点在于诚心诚意：一方面明确表示"我勉强接受，随时可以让位给比我更合适的人"的态度，另一方面让失去相关机会的人不失面子。

举个例子。被选为部门主管后，聪明的中国人往往会立刻表示自己难以胜任，列举能力有限、经验不够、耐心不足等理由，先极力推辞片刻，再在盛情难却的情况下"勉强为之"。这样做能为自己留一条后路，但千万不要以此为借口故意偷懒——一旦接受了这一职务，必须负责到底，切勿辜负大家的信任与期望。

● 秘不外传

大多数中国人喜欢对自己的绝技保密，就算带徒弟也要"留一手"。这是一种饱受诟病的行为，因为凡事留一手，很容易导致很多技艺失传。

其实，秘不外传是一种自保行为，并非完全没有存在的必要。"留一手"本身没有好坏，关键在于留得是否合理。

说起技艺失传，绝大部分人会将其归咎于师父自私，不肯倾囊传授自己的绝技，以致一代不如一代。但是，我们不能忽视两种客观情况的存在：一种是教会徒弟，饿死师父；另一种是教会徒弟，杀死师父。

若不幸遇到翻脸不认人的徒弟，年富力强的师父尚且能够凭借足够的体力和丰富的经验压制徒弟，年迈体衰的师父呢？很可能会丢掉自己的饭碗，甚至被倒打一耙，悔之晚矣。"年老慎择徒"就是这个道理。

面对这两种可能出现的情况，留一手是不可或缺的自保方法。如果遇到忠良可靠的徒弟，师父自会倾囊相授，哪里会留一手？

中国人普遍重视拜师礼，凡欲拜师者，必须恭恭敬敬地向师父叩首，以显诚意，不然，师父怎敢轻易传授绝技？

儒家提倡"反求诸己"，作为徒弟，若发现师父有秘而不传的行为，实在不应该急着埋怨师父，而是应该自我检讨：为什么我在师父眼中这么不可靠？

作为师父，则应该努力寻找正直的、合适的徒弟，悉心教导他，让他能够将技艺发扬光大。

这才是传承的真义。

其实，师父是否留了一手，影响没有那么大——真心上进的徒弟，哪怕遇到的是留了一手的师父，照样能学有所成；只想混日子的徒弟，哪怕遇到的是倾囊相授的师父，也很难学到真本事。"师父留了一手"不过是无能的徒弟常用的借口。

现在，磕头拜师的情况不多，但职场上，师父带徒弟的指导形式很常见。这要求大家把握好传授绝技的分寸，既要合理自保，又要努力将优秀的技艺发扬光大。

性——爱占便宜,死要面子

大多数中国人的本性是什么?简单地说,有以下 3 点。

其一,怕吃亏、上当。很多中国人天不怕、地不怕,就怕吃亏、上当。

其二,爱占小便宜。中国人一般不奢望能占到大便宜,但很难抵制占小便宜的诱惑。

其三,自爱且爱面子。自爱和爱面子在很多中国人身上表现得尤为明显。

对以上 3 点分别介绍如下。

怕吃亏、上当

中国人普遍重视合理,因此很抵触不合理的吃亏、上当。

> 资源是有限的，人的生命也是有限的，不断地吃亏、上当，岂不是自己跟自己过不去？

因为大多数中国人很抵触不合理的吃亏、上当，所以和中国人打交道时，切忌有欺骗的意图。以互利互惠为原则与中国人交往，才能皆大欢喜，若一开始就存心欺骗，往往会"偷鸡不成蚀把米"，得不偿失。

几乎每个人都怕吃亏、上当，但是过分谨慎会变成令人厌烦的斤斤计较的人。其实，人算不如天算，要不怎么会有"机关算尽太聪明，反误了卿卿性命"的实例呢？针对类似的情况，大多数中国人主张"差不多"，即刚刚好、恰到好处，追求的是合理。

很多中国人常说"防人之心不可无"，为的是能不吃亏、上当，就不吃亏、上当。不过，如果防不胜防，真的吃亏了、上当了，智慧的中国人也不会持续地为难自己，会用另一句话开解自己："吃亏是福，因为吃一堑，长一智。"

☯ 爱占小便宜

如果说吃亏、上当是被动的行为，占小便宜就是主动的行为。

"爱占小便宜"中的关键字不是"占"，而是"小"，即只占"小"便宜。

一方面，一个人爱占"小便宜"，说明这个人不贪——贪心的人想的是怎么占"大便宜"。中国人普遍有不贪心、守本分的特点，为了过好日子，占一点儿小便宜无可厚非。

另一方面，对大多数中国人来说，占小便宜只是手段，不是目的——大多数中国人这样做是在试探对方。

为什么要用占小便宜这种行为试探对方呢？因为做生意也好，交朋友也罢，尽快地了解对方、明确对方是不是值得打交道的人很重要。

大多数中国人非常在乎交往对象是否舍得为自己付出，会据此判断自己是否要为对方付出。换句话说，大多数中国人不会盲目地为别人付出，在为别人付出之前，会认真考虑对方值不值得我们这样做。怎么判断对方值不值得我们付出呢？标准之一是对方舍不舍得为我们付出：你舍得，我就认为你值得我认真交往；你不舍得，我就认为你不值得我认真交往。寻根究底，试探对方是很多中国人占小便宜的本意。

在人际交往的过程中，很多人会非常在乎对方的肚量大不大，因为没有人愿意跟小肚鸡肠的人做朋友。看对方舍不舍得为自己付出、舍得到什么程度，可以判断自己在对方心中有多大的分量，如果对方连鸡毛蒜皮的事都要斤斤计较，这朋友不交也罢。

在《战国策》中，有如下一个故事。

齐人有冯谖者，贫乏不能自存，使人属孟尝君，愿寄食门下。孟尝君曰："客何好？"曰："客无好也。"曰："客何能？"曰："客无能也。"孟尝君笑而受之曰："诺。"左右以君贱之也，食以草具。居有顷，倚柱弹其剑，歌曰："长铗归来乎！食无鱼。"左右以告。孟尝君曰："食之，比门下之客。"居有顷，复弹其铗，歌曰："长铗归来乎！出无车。"左右皆笑之，以告。孟尝君曰："为之驾，比门下之车客。"于是乘其车，揭其剑，过其友曰："孟尝君客我。"后有顷，复弹其剑铗，歌曰："长铗归来乎！无以为家。"左右皆恶之，以为贪而不知足。孟尝君问："冯公有亲乎？"对曰："有老母。"孟尝君使人给其食用，无使乏。于是冯谖不复歌。

这个故事讲的是战国时期齐国贫士冯谖与孟尝君的交往过程。

齐国贫士冯谖托人请求孟尝君收留他，孟尝君问他有何爱好与才能，他坦言既无爱好，又无专长，孟尝君笑了笑，仍然决定收他为门客。初时，冯谖颇受冷遇，每日只得粗茶淡饭，于是，他三次弹剑而歌，先后索要鱼肉、车驾和奉养老母的资用。众人均嘲笑冯谖贪得无厌，孟尝君却一一满足了冯谖的要求，不仅不断提高着给他的待遇，还派人助他赡养老母。冯谖的要求均被满足后，终于不再抱怨。

冯谖是因为看出孟尝君好说话，所以拼命占便宜吗？其实不然，冯谖之所以不断地提要求，是因为想要深入地了解孟尝君，看他是不是值得自己效忠的人。

孟尝君通过了冯谖的"考验"后，冯谖献计献策，为孟尝君的仕途顺畅出了大力——历史记载：孟尝君为相数十年，无纤介之祸者，冯谖之计也。

由此可见，与人打交道，不要太介意小恩小惠的付出——交往对象占小便宜的行为或许只是一种考验，通过这种考验后，也许能够获得意想不到的回报。

施以小恩小惠就有可能获得意想不到的回报，施以大恩大惠的结果会不会更令人惊喜？这样想就错了，贸然施以大恩大惠，很可能会弄巧成拙，反而让交往对象心生警惕。

大多数中国人不会轻易地占大便宜，为什么呢？一方面是因为中国人普遍认为天上不会掉馅饼，大便宜的背后，很可能是众多的麻烦和隐蔽的陷阱；另一方面是因为中国人普遍讲究无功不受禄，等价交换的利益更能让人心安理得地接受。

☯ 自爱且爱面子

怕吃亏、上当和爱占小便宜都与自爱的心理有关，很多人据此说中国人自私是不对的，是没有明确自私与自爱的不同的表现。

中华文化一向强调自爱，而非爱人。这很好理解：不自爱的人心中根本没有爱，用什么去爱别人？一个人要先学会自爱，才有足够的能力去爱别人。

很多西方人喜欢将"我爱你"挂在嘴边，其实多数情况是说说而已，中国人说的爱与之不同，大多数是发自内心的爱。

中国人一般不会爱所有人，只会爱值得爱的人。合理的自私就是自爱。

自爱的中国人很重视自己的面子，说面子不重要的人，大多不了解人性。

人与其他动物最大的不同，就是人会爱面子，而其他动物不知道什么是面子。若一个人活得连面子都没有了，那是为了什么而活呢？有人认为爱面子是缺点，我不同意——是否爱面子与是否有羞耻心强相关，若一个人连羞耻心都没有，是无药可救的。

爱面子，若往好的方向发展，会格外重视荣誉，若往坏的方向发展，则会陷入爱慕虚荣的陷阱，甚至爱面子爱到不要脸的程度，本末倒置。

"面子"是"情","脸"是"理"。中国人普遍讲情理,以理为本,以情为末,因此,爱面子不能爱到丢脸的程度,不丢脸的爱面子才既合情,又合理。

有些人为了有面子,常说谎话,比如,家里穷得只吃得起青菜、豆腐,但宣称自己是素食主义者,只吃青菜、豆腐是为了更加健康。

这种人,相信大家都见过,只要他不存心害人或给别人制造不便,完全可以听之任之,不必拆穿他的谎言,否则他丢了面子,很可能会恨上让他丢面子的人,做出难以预测的事。

为了有面子,说一些无伤大雅的大话、谎话不可怕,但要注意,不要说到不合理的程度,否则就成了现代版的夜郎自大,因不要脸而惹人嘲笑。

中国人普遍讲究不管做什么事都不可以过分,由此可见,合理的爱面子才是正当的行为,一旦过分,弊端之多、危害之大,不是三言两语能够说尽的。

因为中国人普遍有自爱且爱面子的特点,所以在处事的过程中为他人留面子,对自己而言是有百利而无一害的事——对方定会心存感激,愿意在你受困时帮助你、报答你。

❦ 案例

老板问下属:"昨天让你写的计划书,你写好了没有?"

下属一听,心中一慌:"糟糕,昨天忘记写了!"碍于面子,下属急急忙忙地找了一个借口:"写好了,昨天晚上写的!抱歉,早上急着上班,忘带了。"

老板看到下属慌张的样子,心中了然:这是下属在找借口。想到如果拆穿下属的谎言,让他丢面子,他很可能记恨自己，日后处处与自己唱反调，于是，老板装作对这个谎言信以为真，淡淡地说："哦？那明天带来吧。"

下属为了保住自己的面子而说谎，心有愧疚，自然会在告别老板后第一时间写完计划书，第二天一上班就交给老板。

作为老板，这样处理此事，既可以保证尽早拿到计划书，又不会伤了与下属间的和气，何乐而不为？而且，虽然没有明确地处罚下属，但想必下属是能够吸取教训的：这一次差点儿惹麻烦，幸亏平时信用不错，勉强过关，日后可不能再犯类似的错误了，以免被拆穿后不仅难堪，还可能受罚。

只要不伤害他人，为了保全面子而说一些无伤大雅的谎话不是太严重的问题，重要的是暂时过关后不要忘记及时检讨、反省，并进行合理的补救。若在骗了别人之后沾沾自喜，不知反省、不求上进，则是对自己不负责任的表现，后患无穷。

骗别人，信不信是对方的事，理应由对方承担所有后果；骗自己，则是自作自受，要极力避免。

和爱面子的人打交道，最重要的是别让对方丢面子，当然，如果能想办法让对方更有面子就更好了，与对方的人际关系会更好处理。

切记，让一个人丢面子，最吃亏的可能不是他，而是我们自己。

合理地怕吃亏、上当，合理地爱占小便宜，合理地自爱、爱面子，这都没有问题，不承认这些心理、行为的存在，是假道学的表现。

第二章 建立人际关系的基本准则

想做什么样的人,就会追求什么样的人际关系。

如今,社会非常尊重个人的价值取向,在不违反法律法规、公序良俗的情况下,每个人结合自己的特长、志趣从事的活动都是正当的活动。

做正当的事,就是正人君子。

正视自己

一切从自己做起,高标准、严要求地对待自己,才有成功的希望。可惜,如今很多人只善于对别人提要求,很少给自己提要求,从不反省、检讨,导致自己缺点满身,得不到改正。

❦ 案例

电话响了,小王拿起电话,听筒里传出一个男人的声音:"您好!我姓张,要找李先生,请问他在吗?"

小王用手捂住话筒,转头对李先生说:"李先生,有你的电话,是张先生打来的。"

李先生一听,连忙一边摆手一边说:"张先生?我不接!你跟他说我不在!"

李先生是在欺骗对方吗?可以说是,也可以说不是——李先生的话不是谎言，而是借口。

在这件事中，需要反省、检讨的是张先生：做人怎么能做到这种地步？要找的人明明在，却不愿意接电话！

人这一生，怎么走是由自己决定的。不管想成为什么样的人，都应该一步一步地向着自己的目标前进，认真地做自己。

这既是儒家"反求诸己"主张的要求，又是自己对自己负责任的具体表现。

人们既喜欢与熟悉的人打交道，又喜欢用过去的交往经验判断陌生人的品性，因此，对建立良好的人际关系来说，第一印象非常重要——给他人的第一印象越好，越容易唤起他人正向的情绪和记忆。

人与人之间，只要交往几次，就会对对方有明确的评价。

我们常说："好借好还，再借不难。"中国古代的商帮将信用看得比生命还重要，就是这个道理。很多中国人是从小听《狼来了》的故事长大的，应该很明白随便开玩笑的弊端：开过一两次玩笑后，以后不管说什么话，都很容易被当作玩笑话。

我们的一举一动，都在填写别人心中那张对应着我们的标签。

每个人身上都有标签，尽早确定自己要做什么样的人、处理好自己和自己的关系、以实实在在为做人的准则，才能让自己身上的标签写满正向的词语。

确定自己要做什么样的人

在合理地处理人际关系前，我们必须确定自己要做什么样的人。

根据对生活环境、生活状态的追求的不同，我们可以大致将人分为3种类型：硬汉、顺民、隐士。

硬汉，即忠义之士，是为正义牺牲在所不惜的人。这种人，别人不敢说的他敢说，别人不敢做的他敢做。我很佩服这样的人，但我不希望人人都做这样的人，除非自愿。做硬汉是要承受一些痛苦的，且不能变节。做硬汉最可怕的就是变节，即做到一半不做了。做人应该有正义感，且小心自己的正义感被利用。如果你正义感强但所知有限，很容易被心术不正的人利用。每个时代都有硬汉，如果立场正确且行动有分寸，会流芳百世，否则会有无谓的牺牲。

社会需要硬汉，但人各有志，不能勉强，我们尊重每个人的选择，不鼓励，也不反对。

第二类人是顺民，即唯唯诺诺、非常听话、重视平安、不想惹事的人。

让不是硬汉的人当硬汉，他会很辛苦；让不是顺民的人当顺民，他会很痛苦。对一个组织来说，一定要既有顺民，又有硬汉。

如果这两类人你都不想做，或许你会是第三类人：隐士。

隐士，即不闻不问、从不生气、万事不挂心的人，在隐士心中，绝大部分事是别人的事，自己不用管。

隐士很难有什么贡献，但一般不会惹什么麻烦。

多数人很难做到万事不挂心，因为我们是社会的一分子，是希望参与社会事务的，能有点儿作为就更好了。因此，真正的隐士并不多。

做硬汉很辛苦、做顺民太平凡、做隐士不容易，那怎么办？好在大多数中国人不会让自己走投无路，既然三类人都不好做，那就三合一！

在中华文化中，除了"孝"，"合"也很重要。

大多数中国人之所以聪明，是因为能够将所有东西合在一起考虑。随遇而安的中国人普遍讲究平时尽量当顺民，偶尔当硬汉，必要时可以当隐士。比如，工作中，领导看得起我，我就当硬汉；领导看不起我，我就当隐士；领导对我不闻不问，我就当顺民。

同样一个人，为什么有的时候什么都不关心，有的时候很认真、很积极，有的时候则很听话？因为大多数中国人很会投桃报李——你怎样对待我，决定着我怎样对待你。

每个人都有自己的价值观，所谓"物以类聚，人以群分"，说的是价值观相同的人更容易和谐相处。因此，确定自己要做什么样的人后，才能更精准地选择志同道合的人做朋友。

不过，需要注意的是，再好的朋友也要保持适当的距离，因为物极必反，过分亲密后很容易吵架。"君子之交淡如水"是有道理的，就算两个人是唇亡齿寒的关系，牙齿也难免咬到嘴唇。

☯ 处理好自己和自己的关系

要想处理好人际关系，首先要处理好自己和自己的关系，完全地接受自己。

能完全接受自己的人，身心能够得到充分的发展，进而获得和谐的人际关系。

一个人，跟自己都相处不好，怎么跟别人相处呢？因此，人最重要的是了解自己、处理好自己和自己的关系，比如，每次照镜子的时候都问问自己："对镜中人，你究竟是爱是恨？"

一个连自己都不喜欢自己的人，很难被别人喜欢。

想改变别人对自己的态度，最好的方法是先改变自己对自己的态度。等你完全地接受自己了、跟自己相处好了，你会发现，所有人都会慢慢地接受你、跟你友好相处。

为什么会这样呢？因为对自己不满意的人大多有不稳定的情绪——不是刻意展示自己的优越感，就是难掩自己的自卑心理。这种内心的摩擦，使得无法接受自己的人不仅很难接受他人，而且很难被他人接受。

先处理好自己和自己的关系，再改善人际关系，是最高效的获得良好人际关系的方法。

人有自主能力，这是人和其他动物相比最突出的特点。

既然有自主能力，当然要勇敢地承担所有责任。换句话说，一切言行都要先过"自己"这一关——自己认可的，才能说出来；自己认同的，才能去做。

> **人最先接触的、接触最多的，都是自己；人的所有接触对象，都应该由自己选择。**

接受自己，必须在合理的范围内。过分地爱自己，很有可能成为可怕的自恋狂。

自恋狂最大的特点是完全以自我为中心，他们不仅很难欣赏别人的优点，而且从不认为自己有缺点。

面对自己，最好的态度是冷静、客观地思考自己究竟有哪些优点、哪些缺点，明确自己的优点后，将其发扬光大；发现自己的缺点后，及时、努力地改正，不要妄自尊大，也不必妄自菲薄。

> **明确自己的优点，才能不轻易失去这一优点；发现自己的缺点，才有机会加以改正，将其纠偏为优点。**

将缺点纠偏为优点，这听起来有些奇怪：难道缺点和优点不完全对立，是有转换余地的？确实如此。任何言行，哪怕是缺点，配合时空的变迁调整到合理的状态，就是优点。

脱离具体的时空，本就没有优劣可言。

将缺点纠偏为优点，最终目的并不是获得所有人的赞美。想获得所有人的赞美，这本身就是过于贪心的追求。

大家都说好，未必真的好；大家都说不好，也未必真的不好，特别是在多元化的社会中，面对同样一件事，有1个人说好的同时，可能有5个人说不好。

能够处理好自己和自己的关系的人，不会单凭他人的论断判定某件事的好坏，而是会先明确哪些人说好、哪些人说不好，再谨慎地完成独立判断。

认可自己的价值观、坚定自己的立场，凭良心做事，不讨好、不逢迎，实实在在地做人、规规矩矩地做事，此为为人处事的上策。

☯ 以实实在在为做人的准则

"做人要实实在在，做事要规规矩矩"是大多数中国人安身立命的基本原则。

虽然中国人普遍追求圆通，但本质上以务实为修身之本。中华文化强调"君子务实"，具体表现为做人要诚恳、重诚信、不伤害他人。

俗话说："知错能改，善莫大焉。"一个人能在认识到自己的过错后及时改变、优化自己的行为，既是务实、务本的实践，又是处理好自己和自己的关系的最佳途径。

古今中外，想获得成功，能选择的方法不外乎两个：一个是循正道，另一个是掌偏锋。务实地建立良好的人际关系，属于循正道；用欺诈的方法维护看似良好的人际关系，属于掌偏锋。循正道成功，无论获得什么样的荣誉，都是实至名归、值得敬重的；靠掌偏锋成功，获得再亮眼的成绩，也是欺世盗名之辈，惹人耻笑。

大多数中国人厌恶权术，欣赏艺术，因为艺术才是务实、务本的正道。

成功离不开实实在在地做人、规规矩矩地做事，但只是做到实实在在地做人、规规矩矩地做事的程度并不一定能成功。

将拼事业比作建造高楼大厦，实实在在地做人、规规矩矩地做事类似于打地基，地基稳，高楼大厦才能拔地而起，但地基稳并不等于高楼大厦能建成。

因此，我们不仅要以实实在在为做人的准则，还要持经达变，不断提高自己随机应变的能力。

如何不断提高自己随机应变的能力？必须多看、多听、多问，先了解环境、熟悉环境，再适应环境、动脑筋改造环境，最后尝试合理地创造新环境。

多看、多听、多问的对象并不局限于正面的东西，对于负面的东西，也要有所了解，才能够防患于未然。

注意，多看、多听、多问的同时要少说，因为言多必失，贸然说话很容易招致麻烦。不过，少说不意味着不说，切勿矫枉过正。

> **看准了、想明白了再说话，言必有中，是比较妥当的行为；胡言乱语，不仅容易让别人看不起，而且很可能给自己的信用带来负面影响。**

在不忘本的基础上权宜应变，才不致乱变。

人际关系好似一株幼苗，必须悉心呵护，才会茁壮成长，否则很容易枯死。

不断提高自己随机应变的能力，掌握因人、因时、因地、因事制宜的技巧，才有可能不断获得、维持良好的人际关系。

有所变，有所不变，务实地变才合理。

善待他人

人是群居动物,自出生起就免不了要同各式各样的人打交道,尤其是在中国社会中,人与人之间的关系很复杂,没有人能逃离巨大的、无形的关系网。

那么,我们应该如何面对这张关系网呢?换句话说,我们应该如何对待身边人呢?

☯ 待人需要诚心

朋友相处,贵在交心,结交知己后,要心意相通、坦诚相待。

诚信是人们自古以来推崇的美德。在人际交往的过程中,如果没有诚信,处处尔虞我诈、钩心斗角,有什么意思?

人与人之间足够了解才能相互信任、知己知彼才能百战不殆,这是千古不变的道理。不过,我们虽然说待人需要诚心，但不强求大家诚心地对待所有人，因为让好人成为知己没问题，让坏人成为知己很可怕。如果很难分清楚对方是好人还是坏人，制造若干假象对自己的真心进行适当的保护是无可厚非的。

始终戴着面具会拉开人与人之间的距离，完全不戴面具则等于赤裸裸地站在众人面前，引诱心术不正的人前来欺诈我们、利用我们，两种做法都不值得提倡。

因为防人之心不可无，所以在不清楚对方的底细之前、发现对方不怀好意之后，我们必须小心、谨慎地保护自己，千万不要因过于诚恳待人而为人所害，导致自己对诚恳失去信心，走向另一个极端。

大多数中国人很有自保意识，在不了解对方前，会遮遮掩掩地行事，比如明明是个中高手，偏要装作一窍不通；面对喜欢的东西，刻意假装不喜欢；不想应邀前往某地，却拍着胸脯说"不见不散"。在虚虚实实之间，很多外国人根本看不懂我们的真实意图。

这能说明中国人不真诚吗？据此评价中国人不真诚实在太过片面。实际上，大多数中国人不仅很真诚，而且很重视诚信，只是因为亏吃多了，不敢随便信任他人。

大多数中国人的谎言没有恶意，只是为了明哲保身、静观其变。换句话说，大多数中国人说谎的出发点是保护自己，而非欺骗他人，与玩弄阴险、狡诈的骗术的行为截然不同。

待人需要诚心，这是与人相处的基本原则，但实际交往过程中可以"设计"一些花样，这些花样是人际关系的润滑剂，可以减轻彼此间的摩擦、优化彼此间的互动。

爱耍花样的人很容易惹人厌恶，但事事直来直去的人也很难备受欢迎。

举个例子。甲过生日,乙直接送他礼物,甲一定会表示感谢,但未必会感动。丙呢?不仅给甲准备了礼物,还设计了一些花样,让甲有新奇的体验,此时,甲不仅会感谢,还会很感动。

待人诚心的人,就算花样一大堆,也不会令人厌恶,不仅如此,还会被夸赞"处事有艺术";心术不正的人,如果花样一大堆,一定会因善于玩弄权术而让大家避之不及。

> 艺术和权术只有一字之差,但性质截然不同——艺术的基础是诚恳,权术的底层逻辑是逐利。

从形式上、表现上看,艺术和权术几乎一样,以致很多人分不清楚、看不明白。有人把权术当艺术,惹来很多反感;有人则把艺术当权术,极力排斥,被人视为不近人情。我认为,我们既不应该盲目地排斥花样,又不应该把别人当傻瓜,自以为聪明地耍手段,因为这两种极端的态度都不是良好的处事之道。

诚心诚意地待人,合情合理地自保,方为正道。

☯ 待人需要友善

待人只有诚心是不够的,还需要友善。

在《韩诗外传·卷九》中,有如下一段记载。

子路曰:"人善我,我亦善之;人不善我,我不善之。"

子贡曰:"人善我,我亦善之;人不善我,我则引之进退而已耳。"颜回曰:"人善我,我亦善之;人不善我,我亦善之。"三子所持各异,问于夫子。夫子曰:"由之所持,蛮貊之言也;赐之所言,朋友之言也;回之所言,亲属之言也。"

翻译成现代汉语,大意如下。

(子路、子贡、颜回在一起谈论待人之道)子路说:"别人以善意待我,我也会以善意待他;别人以不善待我,我也会以不善待他。"子贡说:"别人以善意待我,我也会以善意待他;别人以不善待我,我则会引导他向善。"颜回说:"别人以善意待我,我也会以善意待他;别人以不善待我,我依然以善意待他。"三人无法达成共识,便一同去请教孔子。孔子说:"子路的做法,是没有道德礼义的夷狄对待彼此的做法;子贡的做法,是朋友对待彼此的做法;颜回的做法,是亲属对待彼此的做法。"

人性有善有恶,但主流观点是"人之初,性本善"——自己友善待人,期待对方回以善意,多半能够心想事成。

大多数中国人讲究将心比心:你对他好,他没有理由不对你好。

同样是将心比心,如果我们一开始就认定对方缺乏善意,对方感知到后,自然不会友善地对待我们,这是自然而然的事。

因此，在人际交往的过程中，我们应该充分表达自己的善意，在对方心中建立友善的第一印象，以便进一步获得良好的互动关系。

自己待人友善是基础，此外，我们还要努力导人向善。比如，发现朋友的优点，应该替他宣扬；意识到朋友的缺点，应该帮他改正。

待人友善，落实到行动上就是要多替他人着想、多站在他人的立场上看问题，这样，对方才会将心比心地给我们正向的、合理的回应。人人都将心比心，友善的范围会不断扩大，自然更容易沟通并建立、维持良好的人际关系。凡事只想自己、不考虑他人的人，一定会因自私自利而越来越得不到他人的理解、支持和帮助。

既想自己，又想别人，才能合理地兼顾各方利益，切实做到将心比心。

有一句广为流传的俗语为"前半夜想想自己，后半夜想想别人"，非常有道理，只可惜有些人前半夜想自己，想着想着就睡着了，从来没有想过别人。

☯ 待人需要有礼貌

中国人普遍重视"礼"。

《论语》有记载："不学礼，无以应。"

民间有言："礼多人不怪。"

由此可见，在处理人际关系的过程中，礼貌是不可或缺的。

在《论语·颜渊》中，有如下一段记载。

司马牛忧曰："人皆有兄弟，我独亡。"子夏曰："商闻之矣：'死生有命，富贵在天。'君子敬而无失，与人恭而有礼，四海之内皆兄弟也。君子何患乎无兄弟也？"

翻译成现代汉语，大意如下。

司马牛忧愁地说："人人都有兄弟，唯独我没有。"子夏说："我曾经听到别人说：'死生由命运决定，富贵在于上天的安排。'君子只要能认真、谨慎地做事，不出差错，且恭敬、有礼貌地与他人相处，四海之内的人就都是他的兄弟。您何必担忧没有兄弟呢？"

礼貌待人的人，一是能够让大家愉快地相处；二是能够确保大家相处时秩序井然；三是能够保证所有行为都合乎自己的身份；四是拥有并能够发挥以让代争的精神。

做一个谦恭有礼的君子，别人自然会因喜欢你而愿意与你亲近，怎么会有司马牛之叹呢？

礼貌待人，不见得能够立刻获益。但作为君子，礼貌待人是必备的良好习惯之一。

☯ 待人需要有差别

生活中，我们需要打交道的人很多，少有人能做到对所有人一视同仁。

汉语中，形容交情的词很多，如点头之交、泛泛之交、患难之交、刎颈之交、莫逆之交、生死之交。根据交情深浅的不同，有不同的形容词可选用。连形容词都不同，相处时的态度当然是亲疏有别的。

面对只是认识，并不熟悉的人，我们大多只会礼貌性地打打招呼，谈不上信任不信任。随着交往的深入、了解的增多，原本只是认识的人有可能慢慢地成为我们熟悉的朋友，此时，我们可以与之针对一些议题交换意见，但多为闲聊，毕竟交浅不言深，不能贸然谈及不足为外人道的话题。熟悉的朋友中，会有一些与我们三观一致的人，慢慢地成为我们的密友，面对密友，一些私人问题是可以谈一谈的。共同经历诸多考验，确定可以交心的密友，才会成为我们的知己，与我们密不可分。

生活中，很多人会谨慎地区分自己的点头之交、熟人、密友、知己，我们会如此对待别人，别人也会如此对待我们，这无可厚非。因此，在人际交往的过程中，我们需要认真掂量自己在别人心中的分量，据此区别对待不同的人。比如，面对知己，可以无话不谈，委婉地指出对方的缺点、过错；面对熟人，则不可交浅言深，以免犯了对方的忌讳，埋下祸根。

要想获得知己，必须投入感情，学会站在对方的立场上考虑问题，了解其感受、要求和苦恼。这种感情的投入应该是自发的，不能斤斤计较所谓的投入产出比。如果你是为了获得回报才投入，总想着"我对你好，你就得对我好"，那你大概率是得不到他人的无私回馈的。

人和人打交道不应该永远点到即止，如果你只有泛泛之交，没有知心朋友，怎会获得交友的乐趣呢？有差别地待人，不仅是人之常情，还是合理社交的乐趣所在。

规避三大禁忌

对人际关系而言，有 3 个不可忽视的破坏因素，分别为锋芒毕露、自负、轻率。如果你有这 3 个缺点，最好尽快改正。

☯ 锋芒毕露

一个锋芒毕露的人，人际关系不会太好。

很多年轻人有锋芒毕露的缺点，典型表现为别人说话他插嘴、别人做事他插手、别人讨论他抬杠、别人思考他吐槽……

很多锋芒毕露的人最大的愿望是尽早被"伯乐"发现，以便顺利地出人头地，但其实，锋芒毕露的人很难如愿以偿，因为身边有太多的人会找机会为他设障。

为什么很多人年轻时个性十足，随着年龄的增长越来越圆滑？就是因为在生活中处处锋芒毕露，以致受了很多打击。

☯ 自负

自负也是人际关系的主要破坏因素之一。

很多西方人经常强调人要对自己有信心，但我认为，人更应该对自然有信心。人是自然的一部分，必须尊重自然规律。对自己有信心是好事，但这个分寸很不好把握，对自己过于有信心，很容易因自负而马失前蹄、孤立无援。

中国人普遍讲究天人合一，作为人，需要顺应天时、地利，关注人和，不可自负。

花长得美，容易被采摘，成为花瓶中的装饰；树长得直，容易被砍掉，成为建筑材料；人很自负，容易遭受打击，毕竟人外有人，天外有天，更厉害、更优秀的人太多了。因此，想成大事、立大业，必须学会稳重、克己，切忌目中无人、孤芳自赏。

☯ 轻率

轻率同样是人际关系的主要破坏因素之一。

什么是轻率的行为？自以为很聪明，实则常因轻举妄动而追悔莫及的行为就是轻率的行为。

人们常说："循惯例办事最为稳妥。"但事与事不同，何谈惯例？很多人遇到突发事件时喜欢乱讲话，殊不知这样做十有八九会说出追悔莫及的话。闭上嘴，先思考，谋定而后动是更合理的行为。

每个人都有缺点，而轻率地行事很容易暴露自己的缺点。

为什么大多数中国人能够经常立于不败之地？因为中国人

普遍很会保护自己。比如，面对"针对这件事，你有什么看法？"这个问题，很多中国人会回答："我不太懂，您说呢？"这样回答，自己是没有任何责任的。如果在听了大家的看法后，说自己"不太懂"的人觉得大家懂的还没有自己多，可以从容地站起来说："我突然有点儿想法，大家听听看？"结果不必多说，在有万全的准备的情况下，论述的想法一般是无懈可击的。

> 不轻率行事，面对问题时先闭上嘴，动脑筋找到问题的关键再发言，这是大多数中国人处事的智慧。

办事稳妥的人，自然会拥有稳定的、良好的人际关系。

第三章 十大要领——人际关系的催化剂

重视人际关系、积极建立并维护良好的人际关系，于人于己都有利。

中国有一句古话："在家靠父母，出门靠朋友。"想要"靠朋友"，必须有关系足够好的朋友。朋友是否靠得住，这是很多中国人非常重视的变量。

朋友越多，有靠得住的朋友的概率就越大，因此，中国人普遍主张"四海之内皆兄弟"，希望先广泛地结交朋友，再从中筛选知己。

如今，很多人会用尽一生寻觅知己，以期成大功、立大业，但伯牙、子期般的知己难逢，更具可行性的社交思路是不断扩大交友范围，由疏而亲、由浅及深，不同亲疏关系的朋友都交一些。

在建立良好的人际关系方面，有一些技巧值得我们学习并掌握。具体而言，建立良好的人际关系有十大要领，分别为一表人才、两套西装、三杯酒量、四圈麻将、五方交游、六出祁山、七术打马、八口吹牛、九分努力、十分忍耐。

对建立良好的人际关系来说，这十大要领缺一不可，必须合理应用，以确保卓有成效。

十大要领两两相对，可以归纳为5个方面，分别是人际关系的起点、人际交往的媒介、人际交往的过程、人际交往的技巧、人际交往中的修养。这5个方面可以用一句话概括，即"一阴一阳之谓道"——十大要领为道，5个方面内部一阴一阳、两两相对，例如，一表人才是先天拥有的，两套西装是后天努力获得的。

一表人才

一表人才通常用于形容人的相貌,在《现代汉语词典》中的解释是"形容人相貌英俊,风度潇洒"。在相貌方面,有3个要点需要大家明确。

第一,切忌凭第一印象论断一个人。

我们第一次与某人相见时,一定会对对方有一个初步的印象,这就是第一印象。

生活中,切忌凭第一印象论断一个人,因为这是很危险的做法——看起来忠厚老实的人,内心可能阴险狡诈;看起来聪明绝顶的人,实际可能金玉其外、败絮其中。

第一印象是有欺骗性的,很多人吃过这个亏,因此,凭第一印象论断一个人不是合理的做法。

第二,很多人会凭第一印象来论断我们。

所有事情都是一体两面的，我们可以努力不犯凭第一印象论断一个人的错误，但无法控制别人不犯这个错误。

很多人会凭第一印象来论断一个人，比如，很多年轻人追求一见钟情，殊不知这很可能导致步入婚姻后才发现彼此根本不适合，只能遗憾收场。

第三，相貌是会不断变化的。

相貌是会不断变化的，这里的"不断变化"指的是自然变化，而不是整容、医美后的极大变化。

中国人普遍相信"相随心转"，即心态变化了，相貌会跟着变化。因此，建议大家跟许久未见的朋友见面时，不要说："好久不见，你一点儿都没有变。"这是在骂对方没长进呢。

从生理的角度讲也是如此，人体时刻在进行新陈代谢，对应的便是人时刻在变。

☯ 不要以貌取人

"人不可貌相"，这是自古流传下来的训诫。寄希望于一眼看穿别人，实在是非常离谱的事。

人际关系的好坏与人的美丑是没有必然联系的，不是说人长得漂亮，人际关系就好；人长得丑，人际关系就差。但不可否认的是，有人能够靠长相在处理人际关系的过程中占便宜，也有人会因为长相不佳在处理人际关系的过程中吃亏。

举个例子。在《三国演义》中，诸葛亮非常出色，且极具传奇色彩，但不要忘了，当时广为流传的说法是"卧龙、凤雏，得一人可安天下"，除了身为"卧龙"的诸葛亮，还有一个奇才——"凤雏"庞统。诸葛亮和庞统齐名，但两人的际遇大不相同——诸葛亮被刘备三顾茅庐请出山，出山后立刻被奉为军师；庞统巧献连环计，力助刘备，却需要拿着诸葛亮写的荐书去谋一官半职。刘备对庞统的安排是让他当耒阳县令，要不是张飞误打误撞地见识了庞统过人的才华，还不知事情该如何收场。

为什么实力相当的两个人有如此不同的际遇？是因为庞统浪得虚名吗？不是的！我们先看看《三国演义》对诸葛亮的相貌的描写："孔明身长八尺，面如冠玉，头戴纶巾，身披鹤氅，飘飘然有神仙之概。"再看看《三国演义》对庞统的相貌的描写："（孙）权见其人浓眉掀鼻，黑面短髯，形容古怪，心中不喜。"

这恐怕就是两个人际遇不同的关键所在。

这既说明了第一印象的重要性，又揭示了以貌取人的弊端。

不要以貌取人，不代表应该完全忽视社交对象的相貌。

因为相貌能在一定程度上反映人的内心善恶，所以我们应该学会"识人"。

识人时，最重要的是认真地看对方的眼睛。眼睛是心灵的窗户，目露凶光，说明心狠手辣；目光暗淡，说明能力有限；双目无神，说明运气不佳；目光闪烁，说明不够真诚……

与陌生人进行人际交往时，几乎每个人都会戴着面具，步步为营地在试探中了解对方的品性。比以貌取人更可靠的是随着关系的逐步密切，帮助对方摘掉面具，进入真诚交往的状态。

☯ 优化第一印象

既然我们无法阻止他人以貌取人，那么，关注自己的仪容仪表、努力给他人留下良好的第一印象是很有必要的。

> 给他人留下良好的第一印象，是有利于建立、维护人际关系的。

有人认为外在美不重要，内在美才重要，并据此理直气壮地忽视外在美，殊不知如果不先展现外在美，很少有人会愿意花费时间与精力发掘你的内在美。

在自我成长的过程中，我们应该努力使自己的真实形象更加纯粹、美好；在与人相处的过程中，我们应该尽量展现真实的自己，不加虚饰与伪装。注意，我们不需要根据别人提出的要求，扭曲或压抑自己，虚伪、做作是不讨人喜欢的；也不需要因为完美主义作祟，过分追求外在美，在打扮自己方面用太多的心思，以致过犹不及。

对于想要不断优化自己的形象的人，我提以下两点建议。

建议一：关注身心健康。

身心健康的人更容易有容光焕发的状态。

与身心健康相比，相貌并不重要——长得再漂亮，在满面病容、目光无神的情况下，也很难获得别人的好感。

建议二：提高学识修养。

先天相貌与父母的遗传有关，后天相貌则与自己的学识有关。

不管先天相貌如何，谁能说学识丰富、内心充实、行为端庄、仪容整齐的人不是一表人才的人呢？

正确认识自己

世界上没有一模一样的人，即使是双胞胎也会有或多或少的差异，这是客观现实。

社会的发展需要各式各样的人才，正所谓"天生我材必有用"，这与外貌几乎无关。我们照镜子的时候，不应该只关心自己是否漂亮，还应该关注一下自己是否真的了解自己、是否能正确地认识自己。

很多人一辈子不清楚自己到底要做什么、为什么而活，这很可悲。

为自己谋划人生之路的时候，建议大家谨记"适可而止"的道理，不要奢望快速到达人生顶峰。

爬过山的人都知道，一旦爬到了山顶，身边能走的路都是下坡路——努力攀登的过程是快乐的，登顶后则未必，很可能会因高处不胜寒而苦恼不堪。

与盲目地向上爬相比，人更应该追求的是不断地充实自己。在处理人际关系的过程中，不断地充实自己的人一定比不断地逐名、逐利的人受欢迎：前者带给身边人的是一同努力的感染力，后者带给身边人的则是挥之不去的危机感。

正确地认识自己，找到最能让自己快乐的事情，从容地发挥自己的价值，有这样的生活状态，人际关系一定是稳定的、良好的。

两套西装

一表人才、两套西装都是针对一个人给他人的观感而言的，但两者的关注重点截然不同。提起"一表人才"，以关注人与生俱来的东西为主，比如额头高不高、鼻子挺不挺、嘴巴大不大；提起"两套西装"，则以关注人后天获得的东西为主，比如戴的是什么帽子、穿的是什么衣服、打的是什么领带。

☯ 外在表现与内在表现同样重要

介绍一表人才时，我们列举了3个要点，提起两套西装，同样有3个要点需要大家关注。

第一，佛要金装，人要衣装。

人人都要穿衣服，衣服有两个主要作用，一个是御寒或保暖，另一个是展示自己对他人的尊重。

穿什么衣服，不能全由自己的喜好、兴趣决定，因为人需要合群、需要考虑不同场合的不同特点、需要给身边人足够的尊重。比如，进游泳池需要穿泳衣，西装革履的打扮是不合时宜的。再如，参加晚宴需要穿礼服，穿泳衣、睡衣、家居服等是不被允许的。

没有选对衣服很可能引起同场合的其他人的不快，给自己的人际关系造成负面影响。

有一回，文学家但丁受邀参加国宴，故意穿得破旧、邋遢，结果一进宫门便被国王的仆人引向宴会厅的偏僻角落，未受盛情款待。

但丁心中不快，但什么都没有说。

第二次受邀参加国宴时，但丁换上了华服美饰，果然被邀至国王身旁的贵宾席位入座。

宴会中，但丁做出了令身边人瞠目结舌的事情：不仅故意把美酒倒在了衣服上，还毫不客气地把各式美食往衣服上涂抹了一番。

国王及宾客们都看傻了眼，但丁见已吸引了众多关注的目光，这才不慌不忙地说："这次受到礼遇，全是因为有这套衣服，可见被邀请的是华服美饰，不是我。"

看完这个故事，你有什么感想？很多人认为错在国王的仆人：他们过于势利，凭衣服辨人，活该被但丁用这种方式吐槽、羞辱。

这样看问题没错，但不符合中国人遇事普遍反求诸己的习惯。

善于反求诸己的中国人大多认为错在但丁：第一次，他不修边幅地赴国宴，行为不妥在前，国王的仆人将他引向偏僻角落是无可厚非的；第二次，他在国宴上大出洋相，有故意使人难堪之嫌，很不礼貌。

第二，选择的服饰应与自己的身份相称。

为什么有的人经常被指责行为不检点？很可能是因为他经常有不得体的穿着打扮。不合乎身份的穿着打扮对建立良好的人际关系来说是非常不利的。

与其讽刺别人"只认衣衫不认人"，不如及时反思自己的衣着是否合理。

不只是衣着，发型、发色、配饰等，都应与自己的身份相称。

第三，选择的服饰切勿犯忌讳。

不同的地区有不同的风俗习惯，比如，在中国，自古有"喜事穿红，丧事穿素"的讲究，硬要反过来，就是存心找别扭。

☯ 人的外表应该符合社会文化背景

西方人普遍追求特立独行，因此经常通过改变自己吸引他人的注意力；中国人普遍追求稳定，希望逐步熟悉、慢慢了解，因此会对变化多端的"不定时炸弹"敬而远之。

为什么说人的外表应该符合社会文化背景呢？因为不同的地区有不同的风俗习惯，反其道而行之，轻则会收获异样的眼光，重则可能受到驱逐。

文化不同，习俗就不同。以结婚时穿的衣服为例，在中国，新娘子多穿红色的礼服，因为红色象征喜庆，越红越喜庆；在西方，新娘子则多穿白色的婚纱，因为白色象征圣洁，越白越圣洁。

处理人际关系，离不开对社会文化背景的关注。有些事情在西方国家可以做，但在中国少做为妙，因此，在不了解社会文化背景的情况下，大家应该谨言慎行。

除了因社会文化背景不同而不同的行为标准，还有一些行为标准是世界公认的，比如，吃自助餐时，不要在取食物的过程中聊天，以免口水喷落在食物上；再如，参加配有公勺、公筷的宴席时，切忌直接用自己吃饭的勺子、筷子夹菜。

有得体的、规矩的行为，才会有良好的人际关系。

一表人才与两套西装都告诉我们，想要处理好人际关系，必须在遏制自己以貌取人的错误习惯的同时，正确地认识自己、不断地优化自己给他人留下的印象，从而获得有形的、无形的正向反馈。

三杯酒量

三杯酒量并非特指喝酒，饮食方面的社交都在本节的讨论范围内。

人际交往的过程中，喝酒、品茶、喝咖啡、吃饭等社交活动是必不可少的，能够迅速拉近彼此的关系，完全抵触并非良策。

换句话说，适时、适地、适量地参与这些社交活动是合理的行为。

☯ 有爱好不是坏事

若你能完全满足一表人才与两套西装的要求（有良好的外形条件且穿着打扮恰如其分），在建立并维持良好的人际关系方面，可以说是已经有了一个不错的起点。

带着这样的优势，千万别拒绝与他人交往，甚至自我封闭，因为孤芳自赏的人很难拥有良好的人际关系。

> 一个人的条件再好，也要有意向、有诚心，才能交到好朋友。

三杯酒量是人际交往的媒介。

为什么要谈酒？因为朋友的"朋"字不是由两个月亮组成的，而是由两块"肉"组成的——所谓"朋友"，就是"臭味相投"的人。比如，你喜欢喝酒，我也喜欢喝酒，我们会很自然地凑在一起喝酒。再如，你喜欢钓鱼，我也喜欢钓鱼，我们会志同道合地一起将休闲时间用在钓鱼这件事情上。

由此可见，结交朋友时，最好先打听清楚对方喜欢什么，再有的放矢地投其所好。

案例

甲想向 A 公司的老板（乙）推销汽车，了解到乙非常喜欢钓鱼，便赶紧学习了基础的钓鱼技巧，并打听到了乙经常钓鱼的地点，有事没事就往那儿跑。

因为怕乙觉得自己接触他的目的不纯，太快地提高警觉，甲一开始并不往乙的旁边坐，而是故作悠闲地钓自己的鱼，假装没有看到乙。

甲表现得越不在乎，乙越不设防。

慢慢地，甲开始看似随意地与乙搭话，几次之后，两人自然而然地坐在了一起，一边钓鱼一边聊天。

聊到个人情况时，乙问甲是做什么工作的。聪明的甲并未立刻借机给乙递名片，而是顾左右而言他，丝毫不让乙感觉到自己接触他是有目的的、动机是不纯的。

随着两人越来越熟，甲才在合适的时机松口告诉乙："我是做汽车销售工作的。"

听到这句话，乙立刻说："你怎么不早说？我前两天刚买了一辆车，早知道你就是汽车销售，我一定找你买！"

这时，甲应该怎么说？应该表现出后悔的情绪吗？当然不应该！甲说："没关系，我来这里的主要目的是钓鱼，生意嘛，另找时间去做。"

甲这样说，乙会更放松、更热心，甚至主动为甲提供信息："我的朋友最近也要买车，我让他找你买吧！"

在这个案例中，甲聪明地化被动为主动，不仅获得了潜在客户乙的信任，还收获了意外之喜，不可谓不高明。

在人际交往中"布局"，不是奸诈的行为，而是追求事半功倍的行为。

两个人有共同的爱好，更容易情投意合，进而志同道合。

想真正了解一个人是很不容易的。中国有句古话叫作"防人之心不可无"，因为人心隔肚皮，不能不防。

跟大多数中国人讲道理非常困难，因为大多数中国人只相信自己的道理，不轻易接受别人的道理，即很固执、很自以为是。这不是缺点，我从不认为中国人的哪个特点是缺点——所有事都是一体两面的，要建立良好的人际关系，就不要太纠结于什么是缺点、什么是优点。

借助爱好，更快地走近彼此、建立真诚沟通的人际关系，有什么不好呢？

☯ 凡事要适可而止

随着考古工作的不断推进，我国各地出土了大量的酒器。有些酒器的使用年代非常久远，说明中国人很早就会喝酒、会借助喝酒社交。

为什么要喝酒？因为酒后吐真言。

交朋友很容易，成为知心朋友很难。人生最快乐的事情莫过于拥有几个知心朋友。

如何彻底地了解一个人？最好的方法是把他灌醉。观察一个人醉后的行为，能更准确地判断这个人是否可交。

酒很容易使人茫茫然，因无法得体地控制自己而自然地暴露本性。

🪭 案例

我五六岁的时候，祖父就让我喝酒。

长大后，我曾问祖父："我当时那么小，你为什么要让我喝酒？"

祖父说："我得知道你醉了以后是什么样子的，才能更有的放矢地教导你。"

人喝醉后容易乱讲话，因此，虽然喝酒是高效的社交方式之一，但是我们要学会适可而止。

每个人都有秘密，因为在立场不同的情况下，对同一件事情的看法不可能完全一样。人际关系是很难协调的，适当地有所隐瞒，是有利于维护良好的人际关系的。

吸烟只有坏处，没有好处，酒则不同：少喝有益，多喝才有害。因此，我们支持"三杯酒量"，而非"三盒香烟"。

记住，对人来说，不管是酒、茶、咖啡，还是山珍海味，都只是可以用作社交工具的身外之物，我们要牢牢把握主动权，绝不能做物质的奴隶。

面对任何活动，都要做到不沉迷、不上瘾。

☯ 酒桌社交的技巧

很多时候，人是在迫不得已的情况下喝酒的。

不管是谁，一入席就倒扣杯子，言之凿凿地说"我们今天不喝酒"，都是不得体、不受欢迎的。有的人喜欢喝酒，你凭什么要求所有人"今天不喝酒"？

那么，入席后立刻表明态度，说"我今天不喝酒"，合理吗？也不太好，因为这样做，很容易显得自己"不合群"。

我的酒量并不好，但从来没有做过上述两件事，也从来没有喝醉过。

我是怎么做到的呢？

第一，我从来不说"我不会喝酒"这样的话。这样的话说出来后，很容易打草惊蛇——所有人都想把你灌醉。你最容易醉，不灌你灌谁？说这样的话是自找麻烦的行为。

第二，我从来不主动敬酒。

第三，任何人向我敬酒，我都不推脱，会立刻拿起杯子猛喝一口。不过，我一点儿酒都不会喝进肚子里——我会提前做一点儿手脚。

"三杯酒量"对我们提出的要求是要有起码的参加社交活动的能力。比如，乒乓球可以打得不好，但最好能像模像样地挥挥拍子。再如，桥牌可以打得不好，但最好能记住规则，知道应该怎么跟牌友配合出牌。又如，麻将可以打得不好，但最好不要对喜欢打麻将的人存有偏见。

总之，处理人际关系时，一方面要坚持原则，另一方面要有随和的态度：要喝酒，可以喝，但绝不喝醉；要钓鱼，可以钓，但绝不沉迷；要打麻将，可以打，但绝不赌博……对人来说，有自控力很重要，不要变成任何人、任何事物的奴隶。

四圈麻将

四圈麻将与三杯酒量一样，并非特指打麻将，打球、跳舞等非饮食方面的社交都在本节的讨论范围内。

很多人对麻将存有偏见，其实，将其视为人际交往的媒介之一，不沉迷于赌博即可。

想建立并维护良好的人际关系，必须尝试投入有形或无形的活动，加强与他人的互动。只要懂得适可而止的道理，不影响健康，也不妨害正常生活，参加相关活动是能做到宾主尽欢的。

我们不鼓励大家打麻将，但是也不赞成大家对打麻将深恶痛绝。

世间一切事务，都遵循"自作自受"的因果法则，每个人都必须自己承担自己行为的后果。既然人人如此，爱打麻将的人势必要学会自我负责！

☯ 赢到后来总是输

不管是打麻将、打球，还是唱歌、跳舞，作为社交活动，参与的目的不是争输赢，而是促进友谊。因此，参与类似的活动前，应该先想想自己可以接受输多少，而不是盘算着要赢多少。

如果输 200 元是可以接受的，那么输掉 200 元，赢得一些朋友，不是很好吗？如果总是处心积虑地赢，赢得朋友都不愿意和自己玩了，岂不是得不偿失？

我建议，无关紧要的社交活动，宁可输，不要赢。

对竞技类社交活动来说，总是赢，不妥——朋友很可能会因挫败感严重而不愿意继续与你相处；总是输，也不妥——不管是被刻意相让，还是毫无竞技乐趣，朋友都不会尽兴而归。那么，应该如何做呢？有赢有输、势均力敌最为理想，能够获得比较好的优化人际关系的效果。

> **该赢的时候赢，该输的时候输，无关技术，这是社交技巧。**

很多时候，我们无法把相关活动看作游戏，因为在部分情境中，这些活动不是游戏，而是人际交往的媒介之一。

有的人找朋友替自己打牌时总会交代一句："赢了算你的，输了算我的。"做人要有这样的气魄，才会好友遍天下。如果你在找朋友替自己打牌时说的是"你替我打，只许赢，不许输"，谁敢替你打牌？很多人正是因为输不起，才很难建立、维持良好的人际关系。

如果时刻想赢，最后一定会输得精光。

☯ 人际关系要经营

静止是相对的，变化是绝对的，因此，人际关系是需要用心经营的：不是越来越亲密，就是越来越疏离；不是越来越好，就是越来越坏；不是越来越信任彼此，就是越来越爱彼此猜疑……我们很爱说维持现状即可，其实那是自欺欺人的说法，凡事都不可能永远维持现状。

> 人际关系需要经营，经营人际关系与经营事业一样，不可掉以轻心。

以电话号码这一联系方式为例，许久不使用，很可能连对方换了电话号码都不知道，或者直接失去留存对方电话号码的意义。因此，我建议大家常常更新、使用自己的电话簿，至少做好以下两件事。

第一件事：每年更新电话簿。

我的习惯是在每年的元旦更新电话簿，一是因为元旦当天有联系所有人的借口，拨通电话后可以说"我知道你平时很忙，不敢打扰你，正值辞旧迎新之际，送上我真挚的祝福，祝你新年一切都好"等祝福的话；二是因为元旦会放假，空闲时间较多，可以一个一个地将电话簿中的号码拨个遍，碰到拨不通的电话号码，要及时将其删除。

每年更新的电话簿，才是持续有用的电话簿。

第二件事：以所属区域为标准，对电话号码进行分类。

这样做便于自己每到一个地方都可以迅速地将当地的朋友联系一遍。

如果难得到一次朋友的常住地却不联系对方，对方得知相关信息后很可能会责怪你："来了我（居住）的城市都不跟我打个招呼，你眼里有我这个朋友吗？"

以我为例，我在深圳有几个朋友，每次到了深圳，我不会主动去拜访他们（怕打扰他们），但是一定会逐一给他们打电话，问候他们。

> 朋友要经常联系，但不要经常打扰，这样才能不断加深对方对自己的好印象。

总之，正当的、正常的活动是有利于建立、维持良好的人际关系的，但如果受邀参加的活动超过正常限度，应该立刻有所警觉、及时防备，否则一定会吃大亏。

五方交游

"五方"指的是东、南、西、北、中。我们要多方结交朋友，才有可能在遇到困难时获得及时的帮助。

人性是复杂的，你认为会帮你的人，不一定愿意在关键时刻施以援手。因此，只与自己的家人、同学、同事交往，拒绝接触更多的人是很可怕的，很可能导致自己在关键时刻孤立无援。

五方交游的意思是不要自我设限，应该尽量扩大交友范围，毕竟多个朋友多条路。

☯ 多个朋友多条路

中国人普遍讲究"广结善缘"，一方面会力求不得罪他人；另一方面会努力地交朋友，以便处处有熟人，比较好办事。

> 广泛结交各行各业的朋友，不仅可以在社交过程中扩大见闻、增长见识，还可以在遇到困难时合理求助，不致孤立无援。

我一直认为，被人赏识、提携，比自己埋头努力、默默奋斗重要。

有些人看不起因被提携、被赏识而获得成功的人，但其实，一个完全不努力、不奋斗的人，是很难获得提携、赏识的。

被提携、被赏识和努力、奋斗是互为因果的。

一个人只知道自己埋头努力、默默奋斗，虽然能够进步，但会很慢。因此，我们建议大家学会五方交游，尝试与赏识自己的能人合作，以求更快地进步。

提携、赏识我们的人，通常被称为我们的"贵人"。人这一生中，若能得到一两个贵人相助，想出人头地是不难的。

不过，先充实自己，再寻觅贵人，才有飞速进阶的可能。不充实自己，一味地等待贵人的出现是本末倒置的行为，不仅很难成功，还有可能不断错过被提携、被赏识的机会。

俗话说："求人不如求己。"一切靠自己，确实比依靠别人安全得多。但是，有人相助的成功比单打独斗的成功轻松、愉快得多，这是不争的事实。如今，通过单打独斗获得成功的机会越来越少，有贵人相助，何乐而不为呢？

通过"五方交游",可以结交很多朋友,这些朋友背景不同、层次不同、可以给予我们的助力也不同。

对此,我们可以分上、中、下3个层次来看。

对上,有人提携,便于扶摇直上;对中,有人依靠,便于分忧解难;对下,有人跑腿,便于省时省力。如此一来,还有什么办不好的事情呢?

空有上级的提携,缺乏平级和下级的辅助、支持,大业难成;空有平级和下级的辅助、支持,缺乏上级的提携,资源有限。由此可见,上、中、下3个层次的朋友都要交,不可偏废。

很多人爱凑热闹,看谁官运亨通就忙着向谁示好,殊不知风水轮流转,势利的人最难得到他人的青睐。

接近一个人,最好在他默默无闻的时候与他联系;帮助一个人,最好在他有所需求的时候伸出援手;赏识一个人,最好在他还没有崭露头角的时候给予认可……如今,很多企业专门设立了用于资助成绩优异的贫苦学生的奖学金,就是为了在这些人才正式学成前给予帮助与支持,以期培养有归属感的、忠诚的后备人才。如果企业不重视人才培养,只会出高薪挖竞争对手企业的成熟人才,一旦这些人才获得的酬劳不如预期,很可能会毫不犹豫地另谋高就。

> **"患难见真情"这句俗语,精准地总结了建立与维护良好的人际关系的重点。**

建立与维护良好的人际关系,最大的忌讳是投机取巧。

我们可以随机应变，但是切忌过度随机应变，不然很容易变成投机取巧。

凡事都有两面性，处理不好人际关系，很容易导致"恩生于害，害生于恩"。在一定程度上，"害"我们的人可能是我们的恩人；对我们有恩惠的人则可能是在害我们。比如，老板的要求越苛刻，我们成长得越快；老板越得过且过，我们越容易止步不前。再如，在教育子女方面，中国有句古话是"棍棒底下出孝子"，尽早帮助孩子明确是非，更有利于他们健康成长。

案例

甲是独生子，母亲对他极为宠爱，从小到大，凡事都支持他，即使他干了坏事，也从不指责他。

读书时，甲第一次行窃——偷了同学的文具盒里的一个文具。甲行窃后心中忐忑，一回家便将偷得的文具交给了母亲，并叙述了事情经过。母亲拿着甲偷得的文具，只问他偷东西时是否被别人看到了，甲回答"没有"后，母亲竟告诉他可以心安理得地将这个文具据为己有，毫无指责之意。

从此，甲的胆子越来越大，慢慢地成了一个"小时偷针，大时偷金"的人。

终于有一天，甲因盗窃罪被捕入狱，并获处极刑。

临刑前，甲只提出了一个要求：见自己的母亲一面。

看守甲的人觉得甲很有孝心，便网开一面，同意他们母子相见。

见到母亲后，甲对母亲说："我从小在你的宠爱中长大，现在快死了，只想最后抱一抱你。"

甲的母亲信以为真，哭着走到甲身边，没想到甲颤抖着握紧了拳，重重地给了母亲一拳！"如果不是你一再纵容我，我怎么会走到今天这一步？"甲如是说。

正所谓"养不教，父之过；教不严，师之惰"，如果父母教育得当，及时制止子女的错误行为，也许不少囚徒能走一条截然不同的、光明的人生之路。

家庭教育、学校教育、朋友相处，这些人际互动都会不断地影响我们的三观、行为。虽然说"多个朋友多条路"，但结交正义的朋友，多的才是光明的路。

如何不仅多交友，而且交好友，值得每个人认真思考。

严于律己获益多

盲目扩大自己的交友范围是有风险的，在交友的过程中，我们需要严于律己、礼待他人。

与着力培养某一学科人才的专业性大学相比，我个人更喜欢科系多、规模大的综合性大学，原因很简单，专业性大学的学生在学校里听到的、学到的都是本专业的知识，虽然学得深，但知识面相对窄；综合性大学的学生则不同，学农的、学工的、学商的、学文的……同学间可以常常探讨不同学科的知识，扩大眼界、丰富见闻。

人要工作、挣钱，不得不选定深耕的专业，但若过于局限在自己的专业中，生活的乐趣会少很多。我们永远不知道谁会是自己的贵人，也永远不知道将来的自己会如何发展，因此，必须多涉猎各学科的知识、做足全面的准备，这样才有安全感。

在扩大自己的交友范围时，我们要合理控制自己的表达欲，多请教、少发表意见。

很多人虽然朋友不少，但是长进不多，为什么呢？因为过于爱讲自己的观点、想法、理念，很少听别人说话。这样的人，有再多的朋友，也得不到多少新奇的资讯。

交朋友，为的是扩大眼界、丰富见闻，而不是吹嘘自己。因此，人际关系良好的人大多是严于律己的人，会将更多的关注点放在朋友身上，让朋友多说话。

六出祁山

"六出祁山"讲的是诸葛亮的故事,简述如下。

诸葛亮出师北伐共 5 次,真正出兵祁山只有 2 次,但后世常将这 5 次北伐与 1 次抵御魏军进攻的反击战合称为"六出祁山"。

公元 228 年,诸葛亮胸怀"兴复汉室"的宏愿,亲率大军首次兵出祁山,拉开了悲壮北伐的序幕。起初,蜀军势如破竹,魏军惊慌失措,然而,蜀军先锋马谡刚愎自用,痛失战略要地街亭,大好形势瞬间逆转。诸葛亮功亏一篑,只得撤回汉中,并挥泪斩了爱将马谡。

此后,诸葛亮以汉中为根基,多次挥师北上,时而兵出祁山,时而出散关攻陈仓,妙计百出。面对国力悬殊、魏将智勇双全者甚众、蜀军补给困难等难题,诸葛亮带兵避魏军锋芒,用计斩杀王双、张郃等名将,发明木牛、流马解粮草转运难题，留下无数传说。

公元234年，心力交瘁的诸葛亮最后一次率大军出斜谷，屯兵五丈原，与魏将司马懿在渭水之滨对峙，直至病倒军中、溘然长逝。

诸葛亮虽未能克复中原，但用其无比的忠诚、坚忍的意志和超凡的智慧，谱写了一曲感天动地的英雄悲歌。后世杜甫曾作诗咏叹诸葛亮："出师未捷身先死，长使英雄泪满襟。"

"六出祁山"的故事，最感人的是诸葛亮明知不可为而为之的执着与坚定。

人活在世，难免遇到困难，若常轻易地心灰意冷，怎能成大事？人际交往的过程中，误会并不罕见，若常因此垂头丧气，如何培植深厚的友谊？

面对生活中的困难、人际交往过程中的误会，我们必须坚定信心、越挫越勇，甚至明知不可为而为之，努力克服困难、处理好人际关系。

☯ 明知不可为而为之

如今的企业管理很重视可行性分析，这种做法看似科学，我却不以为然。人怎么可能预知未来？现实生活中有很多歪打正着的事，不亲身去试，谁都无法预测结果。

面对强大的魏国，诸葛亮为什么要六出祁山，做类似以鸡蛋碰石头的事？为的是不负刘备的嘱托、不负自己的责任心，为的是真正做到为蜀国鞠躬尽瘁，死而后已。

西方人重利害，凡事计算来计算去，无利可图就会放弃；

中国人重义气，只要义不容辞，无利可图也会去做。

五方交游与六出祁山关注的是人际交往的过程：一方面要扩大交往范围，另一方面要追求交往深度。换句话说，不仅要多交朋友，还要努力地与值得交的朋友深度交往。

明知不可为而为之，可以解读为不要过于重视结果。

如今，很多人支持结果论，认为"胜者王侯败者寇"，殊不知中国还有一句俗语为"不以成败论英雄"。

很多事情的结果不是人力所能控制的，我们能够努力优化的只有过程。完成工作任务也好，交朋友也罢，我建议大家全心全意地投入、努力，至于结果怎么样，交给上天决定，即抱着"谋事在人，成事在天"的想法生活。这不是宿命论，也不是消极主义作祟，我强调了要全力以赴地面对、控制过程，只是希望大家在此基础上更正确、更合理地面对结果，不要因为结果可能不理想就束手束脚、自暴自弃。

需要有可通财的朋友

通财是人际交往的形式之一，朋友间各种形式的互助都在通财的范围内。

关系一般的朋友多被称为点头之交、泛泛之交，在紧要关头，通常是帮不上忙的。知心朋友大多可通财，在危急时刻，有能够仗义相助的知心朋友真的很重要。

很多人平时不重视人际交往，到危急时刻才意识到知心朋友的宝贵，追悔莫及，岂不可悲？

临渴掘井是愚蠢的行为，我们一定要未雨绸缪。

假如有一天，你急着用钱，可以找谁借？你心中有明确的人选吗？

在不急着用钱的时候，就可以试着向朋友们借钱，看能否借到，这样，真的需要借钱时，才知道找谁借不会落空。

你一开口，对方就说"不行"或"没钱"——这样的朋友是绝不会借给你钱的。

你开口后，对方满口答应，拍着胸脯说"没问题"——这样的朋友也不太可能真的借给你钱，因为答应得太快，其实是一种敷衍。

你开口后，对方详细询问你需要借多少钱、是现金方便还是支票方便等——这样的朋友才是真正愿意借给你钱的朋友，不然不会问得如此详细。

相对来说，第三种朋友更值得交。

到这里，事情还没有结束。待对方真的把钱借给你后，你可以不动声色地拖几天再还，看对方是什么反应。

如果对方第二天就急着问你什么时候还钱，以后最好不要向对方借钱，否则很可能会给两人之间的关系带来负面影响。如果对方是真心急你所急，不催不问，你便可以适时将钱还给对方，并致以诚挚的感谢。

最后这种朋友，才是你急着用钱的时候可以找的朋友。

中国人普遍讲究"救急不救穷"，因为"穷"是无底洞，没有办法救，"急"则能救。若连"急"都不救，对方是不是真朋友就存疑了。

七术打马

人际关系不完全是我们与他人的关系，还包括我们与自己的关系。

我们要先接纳自己，再进一步寻求他人的认可。

在了解了一表人才、两套西装、三杯酒量、四圈麻将、五方交游和六出祁山的意义后，我们可以学习人际交往的技巧了。所谓"七术打马"，就是交往技巧方面的内容。

多说恭维话

七术打马，即合理地多说恭维话。为什么不说"拍马"，必须说"打马"？因为大多数中国人非常反感爱拍马屁的人。

七术打马，重点在于"术"。只有控制好说恭维话的角度、分寸，才能给上司、长辈留下深刻、良好的印象。

人最大的问题在于爱听悦耳的话、反感逆耳的话，无论这些话是真话还是假话。我们说话的时候，一定要努力让对方听得进去，否则就是白费唇舌——说得再对、再真也毫无意义。

恭维话等于奉承话吗？两者截然不同！若把这两种话混同，很容易产生严重的误会，比如认为吹牛、拍马屁是成功的必要条件。

真正成功的人，往往是善于将有理有据的实话用悦耳的方式说出来的人——既不说假话，又让对方听得进去，这才是真本事。

有理有据的实话加上恰当的形容词是合理的宣传，毫无依据的谎言加上夸张的形容词是不实的广告。恭维话和奉承话的不同，类似于合理的宣传和不实的广告的不同。

多说恭维话，少说奉承话，沟通效果更佳。

去过西方国家的人大概有所体会：大多数西方人听话的目的与大多数中国人听话的目的是不太一样的。大多数西方人听话是听真假；大多数中国人听话是听立场。在大多数中国人看来，形式是重于内容的：你讲什么不重要，重要的是怎么讲。

为什么建议大家多说恭维话呢？因为中国人普遍比较爱面子。

大多数中国人的言行是高度艺术化的东西，这与奸诈无关：只是诚心诚意地玩一些花样，而非假仁假义地玩弄权术，两者有着本质的不同。

很多人吃亏，就吃亏在不会说话上。以下这个故事很值得我们细品。

从前，有一位国王，有一天做了一个梦后长时间闷闷不乐，命令臣子找人解梦。臣子受命后不敢怠慢，立刻传某甲前来为国王解梦。

某甲诚惶诚恐，专心听国王叙述完梦境后，满面忧愁地说："大王，不好了！您的好朋友将一个一个地离您而去，先行往生！"

国王听罢，越想越悲哀，在又哀又怒的情绪作用下，他下令将某甲斩首示众。

某甲的遭遇让众多解梦人引以为戒：解梦应该特别小心，不能让做梦的人产生负面的心理感受。

为了让国王开心起来，臣子又找了一位解梦人某乙，要求他重新为国王解梦。

某乙知晓某甲的悲惨下场，接到任务后格外谨慎。听国王叙述完梦境后，某乙满脸笑容地说："恭喜大王，贺喜大王！您是比您的所有好朋友都长寿的人！在这里恭祝大王福如东海，寿比南山！"

国王闻言大悦，下令给某乙丰厚的奖赏。

大家应该发现了，某甲和某乙的答案陈述的是同一种情况，但两人采取的策略不同——某甲采取的是负向策略，某乙采取的是正向策略，前者呈现阴性反应，后者呈现阳性反应。

国王拥有生杀大权，某甲和某乙心中都有数，谁也不敢存心欺骗国王。同样是说实话，角度不同，结果截然不同。

那么，我们为什么不学学某乙，把话说得好听一点儿呢？

少去讨好人

很多人错以为"中国人喜欢被讨好",只要肯用心去讨好中国人,自然左右逢源、什么事都办得成。其实,大多数中国人很不容易被讨好,因为中国人的警惕性普遍很高,遇到有人尝试讨好自己,立即高度警觉:"他为什么对我这么好?"进而忐忑:"他究竟安的是什么心?"甚至"心里好笑",处处加以防备。

历史上有很多事实证明,喜欢被讨好的人容易被小人包围,最后拖累自己。这更加让当代的大多数中国人对存心讨好自己的人敬而远之。

自古以来,没有人立志亲近小人,也没有人愿意成为小人,那么,为什么会不断出现小人当道的情况?原因之一在于恭维话和奉承话很难区分,处理不好便会导致自己受害、社会不安、国家难以富强。

举个例子。下属主动替上司分忧解难,算不算拍马屁?需要具体情况具体分析:如果自己分内的工作都做不好,还经常跑到上司面前问:"有什么事情需要我帮忙吗?"这是拍马屁的行为;如果在分内的工作做得很好的情况下有多余的时间和精力为上司分忧解难,便不算拍马屁——大部分人会认为这个人不简单,有晋升机会,非他莫属。

不用讨好的方法,不抱讨好的态度,但能给他人留下良好的印象,受到他人的喜爱与欢迎,这是正确处理人际关系的精髓所在。

八口吹牛

拍马屁的对象是别人，吹牛的对象是自己。

吹牛的行为有很多，比如，抓住自己某个与众不同的特点，努力将其放大；再如，面对合作完成的工作，夸大自己的贡献、弱化同事的成绩。

人生在世，适当地吹嘘自己是可以的，但一定要适可而止，不要吹破了。

☯ 要自己肯定自己

七术打马和八口吹牛都是人际交往的技巧，若用得合理，有事半功倍之效；若用得过分，则会反伤自己。

做人应该谦虚、谨慎，但不要妄自菲薄。

看得起自己，对自己有合理的期待，时常给自己激励与鞭策，是有利于自己的成长的。

谦虚、谨慎到合理的程度，才会得到交往对象的亲近和认可。

在对自己有信心的同时谦虚、谨慎地不断充实自己，才是真正的看得起自己。

☯ 让别人主动夸赞自己

有些话，只能说别人，不能说自己。比如，说别人"你是最棒的"，没有任何问题，对方听了一定会很高兴；说自己"我是最棒的"则不妥，很容易给别人目空一切、骄傲自大的不良观感。

同样，有些话，只能由别人说，不能由自己说。真正会吹牛的人，会想方设法地让别人主动夸赞自己。

❋ 案例

某甲是某公司的老板，一天，他把所有干部召集起来开会，在会上当着所有人的面说道："你们觉得你们很辛苦？我比你们辛苦多了！你们以为这个老板好当吗？你们下班后有时间看电视、打游戏、陪家人，我呢？我完全没有娱乐的时间、陪家人的时间！你们在看电视的时候，我在制订工作计划；你们在打游戏的时候，我在联系客户；你们在陪家人的时候，我在处理公务……"

某甲以为自己说了这段话后，干部们会感激他、体谅他，没想到，几乎所有的干部都对此不以为然。有的干部心想："既然你这么辛苦，干脆不要当老板了，又没人逼着你当老板！"甚至有干部心想："你这么辛苦，大概是因为能力有限。不如换我当老板，我一定不会这么辛苦。"

红花要有绿叶配，自吹自擂毫无作用。

在以上案例中，若某甲聪明一点儿，应该懂得如何借助得力的干部的嘴说出自己想说的话。比如，安排一个得力的干部在会上说："各位，我觉得我们应该多体谅老板。我偶尔有事情去找老板时，不管多晚，都能看到他在工作，不像我们，下班后就能回家看电视、打游戏、陪家人了。老板比我们辛苦多了！"这时，某甲谦虚地接一句："哪里，哪里，大家都辛苦。"效果更佳。

由此可见，有些话，别人说可以，自己说不仅不妥，还很可能会有反作用。

生活中，朋友时常起代言人的作用，就像在家庭中，爸爸、妈妈常互为代言人。

如果爸爸对孩子说："我这么辛苦，都是为了你。"孩子听了一般不会感动。

如果妈妈对孩子说："我做家务很辛苦，你要乖一些。"孩子听了多半会想：又开始唠叨了，真烦！

换个角度呢？

如果妈妈对孩子说："你看，我们轻松聊天的时候，爸爸还在忙。爸爸这么辛苦是为了谁啊？为了咱们家！为了我们！"孩子听了大概率会有所触动。

如果爸爸对孩子说："你看，妈妈整天在家，好像很轻松，但实际上，家务繁杂，想都处理妥当，比在公司上班还辛苦呢！"孩子听了应该会将佩服的目光投向为家庭忙里忙外的妈妈。

诸葛亮从来没说过自己料事如神，但他的朋友们将这件事宣传得天下皆知。一个人，时常自己吹牛，说明他连一个真心认可他的朋友都没有。

夸赞别人要掌握好分寸，过头了很容易产生反作用。

比如，如今，很多人看到男士就喊"帅哥"，看到女士就喊"美女"，反而模糊了"帅哥"和"美女"这两个词的定义。

再如，一个人本来长得不错，但身边人给她打的"广告"是"美若天仙"，在这种渲染下，不认识她的人见到她很可能会觉得不过如此——期望太高，容易产生较大的心理落差。

捧别人，切勿捧到大家都感觉尴尬的程度；捧自己，目的是使自己更容易被大家接受。

> 吹牛要适可而止，吹过头了，"牛皮"会破掉。注意，不要动不动就给自己加个"最"字，这种"牛皮"很容易破。

九分努力

九分努力即不断精进,按字面意思理解即可,不用解释过多。

☯ 努力要适度

有人曾问我:"到底是运气重要还是努力重要?"我回答:"当然是运气比较重要。运气一来,进步得飞快,比努力高效多了。但话说回来,如果不努力,怎么知道自己的运气好不好呢?所以,努力也很重要。"这话听起来似乎不知所云,其实底层逻辑很简单:努力是人的本分,努力并不能保证成功,但是不能不努力,要在努力的基础上期待好运气。

我更想建议大家用心,而不是努力。但什么是用心?每个人的感觉不一样,没有办法一概而论,所以只能强调努力。

现在很流行一句话,叫"年轻不留白",我认为这句话害人不浅。

一个人不留白,就是整天忙碌,没有时间思考,学习到知识也很难消化。

人一定要学会留白。每天最少留 20 分钟给自己,什么都不做,只想想当天的得失,这样智慧才会增长、潜力才会被充分开发。

☯ 运气很重要

努力是对自己的交代,不要期望它一定产生预期的效果。有很多人否定运气,因为他们不懂什么是运气。人生下来就有一口气,气要去运,不运等于零,你怎么运你的气,决定了你的运气如何。

人生有很多苦恼,不要怕遇到挫折。接受挫折的磨炼,才能更得体、更从容地运自己的气。

运气怎么才能好?很多人运气好的原因只有一个,即有德。

什么叫有德?中国人普遍重视德,德其实就是"得"。具体而言,跟你在一起的人都能得到一些好处,你就有德;跟你在一起的人都会有所损失,你就缺德。

记住,不管有没有钱、当不当官、发不发财,做人最重要的是别人跟你在一起时是有所得还是有所失。

十分忍耐

在九分努力的基础上，要学会十分忍耐。

所谓"忍"，是心上插着一把刀。想想看，一把刀插在心上还能若无其事的人，一定很能忍。

一个人要想得到别人长期的拥戴，非得学会忍不可。人们之间经常有暂时性的误会、不了解，忍耐过去，后面才有好日子过。

☯ 会忍才能赢

成功者一般是忍耐力强的人。

中国人普遍重道义，一个人处境不好时，没有人会来施加打击，若很多人打击你，说明你很了不起。

> 有人把你当对手，你才有价值；没有人把你当对手，说明大家根本不把你当一回事，这是最糟糕的。

为什么企业间的竞争十有八九会演变成价格战？因为价格战最好打。不过，价格战的结果很难是双赢或多赢，很容易是同归于尽。你卖8元，我卖7元……结果企业利润尽失，只能走向破产。

怎样避免陷入价格战？最好的方法是忍耐。坚持住，不随便降价，才不会轻易陷入恶性循环。

案例

某企业生产的零件的市场价格在120元左右。由于市场竞争激烈，同类企业纷纷采取降价措施吸引买家，导致该零件的市场价格越来越低、利润越来越少。

该企业不想陷入恶性循环，坚持把价格定为120元。买家每次询价后都会因嫌贵而打退堂鼓，但该企业坚持不降价。

每过一段时间，该企业的销售人员会写一封信给这期间未成交的询价买家，说："距您上次到我们这儿询价已经过了××天了，您没有再来找我们，说明您已经买到了比我们的产品更便宜的同类产品，我们特别写信恭喜您。我们内部在检讨，为什么我们的产品的价格始终降下不来？检讨的结果是我们没有办法降价，因为我们的产品的材质与同类产品不同，工艺也不同……质量决定价格，如果您买到的产品能够满足您的需求，您继续购买即可；如果发现其质量不达标，随时欢迎您回来。"

很多买家收到信后，会再次联系该企业。

在没有营销学这门学问的时候，生意很好做；有了营销学以后，生意越来越难做。

以前的企业管理是针对企业的生产部门的，比如，怎样挑选材料、怎样控制流程、怎样确保质量，对顾客是以诚相待的；现在则不然，企业会在进行市场营销时设计很多花样，直至渐渐失去顾客的信任。

有一次我在某地旅游时，购买的景点门票附赠了一张抽奖券，我一看就知道是骗人的。营销学出现以前，这种抽奖活动大多是真的，多少会让你得到一点儿奖品；营销学盛行之后，这种抽奖活动大多是噱头，比如中奖后发现奖品是一张八折购物券——引诱你花更多的钱。

如今的顾客对某些企业失去信心，大多是因为这些企业太热衷于使用营销手段，顾客上过当之后，不会反复上当。

顾客不是傻瓜，把别人当成傻瓜的人，自己才是真正的傻瓜。

总之，热衷于设置噱头的人，会逐渐发现倒霉的是自己——大家逐渐失去对你的信任后，你的路会越走越窄、越走越艰难，自作自受。

欲速则不达

要想学会忍耐，其实很简单：想清楚自己为什么急。

如今，大家普遍浮躁，都强调快、强调时间就是生命、强调捷足先登的好处。

我不这么认为。我认为单纯求快只会死得更快：选对方向比不断加速重要，方向错了，越快越倒霉；方向对了，才越快越好。

另外，急事要缓办，否则很容易忙中出错，而且越错越忙、越忙越错。

急是没有用的，做所有事情都有一个过程，欲速则不达。

当我们把一件事情说到绝对的程度的时候，就一定有错误了。因为我们活在一个事事都要"相对而言"的世界上，只要我们活着，就没有"绝对"这回事。

比如，做人要努力、用功，但过分努力、用功会毁了自己的身体。因此，面对不努力、不用功的人，我们会劝他努力、用功一些；面对太努力、太用功的人，我们则会劝他放松一些。

对不同的人说不同的话是高度智慧的表现。

真理是永远说不清楚的，因为它范围太广，每个人只能探究到一部分。真正高明的策略大多饱受攻击，因为一般人看不懂，等一般人都看懂了，很可能已经时过境迁、毫无意义了。

因此，学会忍耐是给有才能的人的建议，对没有才能的人来说，是否会忍耐没有什么差别。

第四章 良好沟通——人际关系的润滑剂

人际关系与沟通行为是彼此影响的关系。

人际关系良好,沟通会比较顺畅;沟通行为良好,人际关系会比较和谐。反过来说,人际关系不良,沟通的困难会增加;沟通行为不良,人际关系的阻碍会增多。

人际关系与沟通行为,任一获得改善,对两者而言都是有助益的。

沟通的作用

人际关系是怎么形成的？简单地说，我们每个人都有能量，不同的能量相互碰撞，会产生磁场，产生磁场后，在根据身边人的处事习惯、节奏调整自己的处事习惯、节奏的过程中，会形成人际关系。

沟通的过程，就是调整处事习惯、节奏的过程。处事习惯、节奏不同的人，相处时很容易听而不闻、视而不见、沟而不通。

沟通时，较高效的方法是努力调整自己的处事习惯、节奏，与沟通对象匹配，而非让沟通对象调整处事习惯、节奏。

因为大多数中国人建立的人际关系本质上是人伦关系，所以在沟通的时候，需要关注伦理，切忌没大没小。以打招呼为例，遇到熟悉的同学、同事，大可拍拍他的肩膀，热情地说："××，你好啊！"遇到领导或长辈则万不可用这种方式打招呼。遇到下级或晚辈呢？等着对方主动打招呼就行了。

中国人普遍重视关系，若彼此关系良好，偶尔说错话是可以一笑而过的；若彼此不熟或关系不好，遇事很可能会在鸡蛋里挑骨头。不过，也有本来关系很好，但被一句话伤了和气，便老死不相往来的可能，这让我们更加重视沟通。

人际关系与沟通，可以简称"人际沟通"。

在日常生活中，人际沟通是不可或缺的，因此，我们必须养成小心应对、用心体会、虚心检讨的良好习惯：一方面，不断提高自己的沟通能力；另一方面，不断改善自己的人际关系。

与其卑躬屈膝地讨好别人，不如用心保持和谐、互助的良好状态，在愉快的氛围中把正当的事情办妥当是我们共同的目标。

想要做好人际沟通，需要努力和所有人进行良性互动，既不能偏重某些人，使其他人受到冷落；又不能只顾自己，想说什么就说什么。

善于沟通的人，是能够处理好顾自己与顾他人的分寸的人。

沟通的现象

在沟通态度方面，大多数西方人进行沟通的时候，彼此不计较身份、地位，能够畅所欲言；大多数中国人则不然，就算面对面坐在一起，也会拘泥于身份、地位，不敢贸然开口。

人有言论自由，但这并不意味着可以想说什么就说什么。人际沟通中，我们要谨慎、小心，谨防一语不慎招来祸端。

理论上，沟通可以解决大部分问题；实际上，沟通是很多令人头疼的问题的源头。为什么？因为现在越来越多的中国人喜欢用西方人习惯的沟通方式沟通，导致不沟通还好、越沟通越糟。

"先说先死"和"不说也死"这两种现象是持续困扰很多中国人的常见现象，透彻了解出现这两种现象的原因、掌握沟通的技巧，才能更得体地处理相关情况。

既然先说先死、不说也死，我们就要学会站在不说的立场上说，将话说得恰到好处，做到"说到不死"。

☯ 先说先死

为什么先说往往先死？因为先说的人说出一番道理后，后说的人很容易站在不同的立场上说出另一番道理。虽然双方都能说得头头是道，但后说的人可以通过挑先说的人说的话的漏洞，让先说的人看起来没有学问。

人的身份、地位不同，先说先死的情形会随之不同。

🪭 案例

某日，上级领导参观某化工厂，行至仪表控制室时看见仪表板上有若干不同颜色的指示灯，有亮着的，也有不亮的，而其中有一个指示灯是时亮时暗、一闪一闪的。

上级领导问："为什么这个指示灯会闪？"

厂长回答："因为对应箱体中的液体快到临界点了，液体到达临界点后，这个指示灯就不闪了。"听起来很专业。

不料厂长刚说完，仪表工程师便否认道："不是的，那个指示灯坏掉了！"

大家纷纷看向厂长，厂长顿觉脸上无光，懊恼不已。

假设上级领导发问时厂长不搭腔，看向仪表工程师，仪表工程师就不得不回答："那个指示灯坏掉了！"此时，厂长可顺势指责他："指示灯坏掉了为什么不及时修理？一闪一闪的，多难看！"由此可见，仪表工程师先说，厂长更有随机应变的余地，如今厂长先开了口，且说错了，不仅显得很不专业，还无法贸然指责仪表工程师，否则有恼羞成怒之嫌，很不得体。

因为先说先死很常见，所以明白这个道理的人，与别人见面时通常不主动说正经话，专说一些没有用的闲话。

不主动说正经话的人不一定是不喜欢说正经话的人，只是中国话多半不容易表达得很清楚，有时"说者无心，听者有意"，好话变坏话、无意成恶意，会招来洗不清、挥不掉的烦恼，不如不说。

闲聊看起来是在浪费时间，其实真正目的是让对方先开口，以便获得有利的形势。

大多数中国人很清楚形势的重要性，因此不管什么时候都不忘"造势"。闲聊有助于在不知不觉中造于己有利的势，何乐而不为呢？

因为过于清楚形势的重要性，所以大多数中国人很擅长明哲保身，说话一向含糊，努力让对方猜不到自己的真实意图。比如，见面打招呼时随口问一句："要到哪里去？"得到的多半是"随便走走"之类的回答，只有彼此非常熟悉，被问的人才会明说"我要去……"。

这种沟通习惯，导致不了解中国人的人常给中国人贴上"难以沟通"的标签。

不明白"先说先死"这一道理的人，常常死得不明不白；只明白"先说先死"这一道理的人，则有可能获得"难以沟通"的评价，在社交场合失势。

中国人普遍喜欢"不明言",是因为不明言能够有效规避"先说先死"情况的出现——在不明言的情况下,一部分话意是我们说出来的,另一部分话意是别人猜出来的,这样不容易被抓住把柄,不管事情怎样发展,大家都不会太没面子。

那么,不明言、不说,就是万无一失的吗?除了有可能获得"难以沟通"的评价,还有没有其他弊端呢?

要知道,不说也可能会死。

不说也死

"先说先死"很常见,"不说也死"亦不罕见。

> "不说也死"是说给明白"先说先死"这一道理的人听的,如果习惯于"有话就说",根本没必要研究为什么"不说也死"。

自古以来,"先说先死"把很多人害得很惨,让不少中国人养成了吞吞吐吐、含含糊糊、不善沟通的坏习惯。

因此,在明白"先说先死"这一道理的基础上,聪明的中国人会刻意要求自己记住"不说也死"。

案例

小丽是某公司的总裁秘书,一向勤勤恳恳、规规矩矩地工作,没犯过什么大错。

某个星期四,小丽收到通知:本星期五,公司要召开一个舞会，希望大家踊跃参加。

小丽很想参加这个舞会，也知道公司将舞会安排在星期五召开的原因：按照公司的规定，每个星期五，员工可以不穿正装。

身为总裁秘书，小丽经常出入正式场合，需要随时做好参加高端会议、紧急会议的准备，每天都要穿正装。

参加舞会是不能穿正装的，偶尔一天不穿正装，应该没什么问题吧？这样想着，星期五当天，小丽破例换上了连衣裙，把自己打扮得漂漂亮亮的。

星期五上午，总裁看到小丽的穿着打扮，有点儿不高兴，但没说什么。中午，总裁将小丽叫进办公室，通知道："下午3点有一个紧急会议，你准备一下，负责做会议记录。你今天怎么穿成这个样子？不太合适吧？"

小丽犹犹豫豫地说："今天是星期五，公司规定员工星期五可以不穿正装。而且，今天公司有舞会，所以……"

小丽的话还没说完，总裁发火了："到底是参加舞会重要还是认真工作重要？你还想不想干了！"

小丽强忍泪水，被迫打车回家换了衣服。

案例中的小丽有错吗？星期五未穿正装，这件事情小丽做的并没有大错，因为她既没有违反公司的规定，又没有真的耽误工作。星期五上午，总裁虽然有点儿不高兴，但没有真的要求小丽换衣服，中午告诉小丽下午有紧急会议需要出席时用的也是商量的语气。

不过，以自己没有违反公司的规定为由，理直气壮地与总裁对抗这件事，小丽做得不够聪明——如果小丽理亏，总裁还可以直接批评她，她有理有据地与总裁对抗，总裁怎么下得来台呢？用开除逼迫小丽换衣服，或许只是恼羞成怒状态下的挽尊之举。

如果小丽尽早用暗示的方式告诉总裁她想在星期五为了参加舞会偶尔穿一次便装，或许总裁能够给予更多的理解与宽容。

不要片面地以为在任何情况下都是多说多错、不说不错的，有时，有话不说会让我们陷入更加被动的局面。

比如，老板交给你一项很复杂的任务，你完成不了，却一直不敢开口说明实际情况，最后任务真的未完成会怎么样？所有过错都是你的。如果你早一点儿说明实际情况呢？老板很可能会想办法解决这一问题：安排其他人协助你、帮你拆分任务、重新评估任务难度等。在事情有转圜余地的时候说明情况，优于沉默地等待糟糕的结果。

再如，你很少说话，老黄牛一般在公司工作了数十年，错过无数个晋升机会，责任在老板还是在你？老板根本不了解你，怎么敢把晋升机会给你？少说话没有问题，但是要注意，少说话绝不等于不说话。

又如，你陪老板去拜访客户，老板不小心说错话后，你毫无偷偷提醒他的意识和尝试，老板事后责骂你，你委屈吗？老板选择带你去拜访客户，必然是经过慎重考虑的，认为你有同行的价值，在这种情况下，你什么作用都没发挥，老板指责你隔岸观火、居心不良，你很难置身事外。

凡事在说与不说之间，必须看好形势、厘清关系，既不能因害怕"先说先死"而不说，又不能不认真考虑"不说也死"的不良后果。慎重思考怎样说才不致一开口就闯祸，把话说到合理的程度，才能真正做到"说到不死"。

☯ 说到不死

看清楚说也不好、不说也不好的困境后，我们应该设法破局，做到"说到不死"。

要想做到"说到不死"，需要学会在合适的时机、合适的地点，对合适的人，用合适的方式说出合适的话。

如何判断是否合适？这是一门高深的学问。

为什么有人说"事无不可对人言"，有人则说"逢人只说三分话"呢？因为说话的对象不同。面对知心朋友，当然"事无不可对人言"；面对刚认识的人，则最好"逢人只说三分话"。

说与不说，需要慎重地衡量利弊。

接下来，我们用两个案例说明如何做到"说到不死"。

❋ 案例

龚专员陪同刘经理出席公司的汇报会，在刘经理汇报部门情况的时候，龚专员听得很认真，并发现刘经理遗漏了一件很重要的事情。发现问题后，龚专员不慌不忙地在便笺上写下"老李赌气要打架"7个大字，偷偷地递给了刘经理，提醒他不要忘记汇报"警卫老李因为星期日出货没有人事先通知他的事气愤地要找人打架"这件事，以免不了解详情的人以讹传讹。刘经理看了便笺一眼，自然地将便笺收进了口袋，继续汇报，直到最后也没提老李的事。龚专员心中忐忑，不知道刘经理的葫芦里卖的是什么药。

汇报结束后，龚专员跟着刘经理回到办公室，小心翼翼地问："经理，刚才为什么不汇报一下老李的事？"

刘经理说："谢谢你的好意提醒。我并没有忘记这件事，只是想来想去，觉得不方便在会上汇报，免得老李恼羞成怒，吵闹得更凶，不好处理。"

在说与不说之间，龚专员选择了暗中提醒：该提醒的，他提醒了，至于刘经理是否汇报相关事情，由刘经理自己决定。这样做，无论事情是否汇报、汇报后如何发展，刘经理都怪不到他头上。

❖ 案例

小王陪总经理到客户公司去谈判，客户提出了某些新要求，小王当场拿出计算器熟练地计算了一番后直接说："没问题，可以接受。"一旁的总经理气得脸色发青，在客户面前不便发火，离开客户公司后立刻厉声指责小王："你是总经理还是我是总经理？你存心要把我气死！"

小朱陪总经理到客户公司去谈判，面对客户提出新要求的行为，小朱当场拿出计算器熟练地计算了一番后，一言不发地将计算结果递到总经理面前，总经理看后说："不行啊！超成本啦！"客户见状暗想：这一套把戏，谁看不透？分明在作假！

小丁陪总经理到客户公司去谈判，客户提出若干新要求后，小丁一边把计算结果展示给总经理看，一边说："不行啊，您看，超成本了！"总经理看见低于成本的数字，内心了然，接着小丁的话说："确实超成本了，但或许能再想想办法？"

以上 3 个人，小王触碰的是"先说先死"这一禁忌，让总经理毫无退路，不管愿不愿意，只有接受客户的新要求这一条路可走，当然非常不高兴；小朱触碰的则是"不说也死"这一禁忌，客户看他一言不发，立刻就可以推测出计算结果是可接受的，随后空耍花招，很可能导致谈判气氛变得尴尬；只有小丁做到了"说到不死"，在真真假假、假假真真中，客户左猜右猜，会越猜越迷糊。

所谓"说到不死"，其实是将话说到合理的程度。只要合理，大家都能够接受，当然可以不死。

沟通的艺术

要想做到"说到不死",必须掌握沟通的艺术。

使对方听得进去

使对方听得进去,这是良好沟通的第一步。

开口说话之前,我们必须谨慎思考,以免费尽口舌却徒劳无功。

若发现对方听不进去我们说的话,我们宁可暂时不说——推、拖、拉并非完全没有用处,运用得合理,也是有效的沟通方式之一。

沟通的时候,我们很难确保每句话都说得妥当,但做到态度诚恳是不难的。用诚恳的语气消除对方的警惕心理,有利于我们顺畅地深入沟通。

在这方面，大多数中国人做得很好。大多数中国人说话不会开门见山，而是先寒暄一番，看看对方的反应，明确对方的心情，如果对方心情不错，再尝试进一步沟通；如果对方心情很糟，就算事情再急、再重要，也要忍一忍，因为有一方情绪不对时，很容易说什么错什么——"话不投机半句多"便是此理。

很多西方人认为寒暄是浪费时间的行为、不分轻重的表现：有正事不说，非要在无关紧要的事情上枉费唇舌。有这样看法的西方人根本不懂寒暄的妙处。

东拉西扯地寒暄片刻，目的在于了解对方的情绪、状态。先了解清楚情况再说话，此乃上策。

寒暄得当，是可以试探出此时此刻对方是否适宜沟通的。

举个例子。与许久不见的人见面后，可以用寒暄开场："好久不见，你最近气色不错！"

如果对方回答："是吗？我最近吃不好、睡不好，气色怎么会好？"我们便可得知对方心情不佳、状态不好，这时，如果不是有火烧眉毛的事，最好不要拿出来沟通——贸然说出来后被对方一口回绝，连商量的余地都没有了。

如果对方回答："哈哈，最近没什么烦心事。"我们便可得知对方心情不错、状态良好，这时，有需要沟通的事项，可以不慌不忙地慢慢道来。

寒暄得好，是可以缓解人们的紧张情绪、排斥情绪的，在这方面，《战国策》中的名篇《触龙说赵太后》非常有名。

> 赵太后新用事，秦急攻之。赵氏求救于齐，齐曰："必以

长安君为质，兵乃出。"太后不肯，大臣强谏。太后明谓左右："有复言令长安君为质者，老妇必唾其面。"

左师触龙言：愿见太后。太后盛气而揖之。入而徐趋，至而自谢，曰："老臣病足，曾不能疾走，不得见久矣。窃自恕，而恐太后玉体之有所郄也，故愿望见太后。"太后曰："老妇恃辇而行。"曰："日食饮得无衰乎？"曰："恃粥耳。"曰："老臣今者殊不欲食，乃自强步，日三四里，少益耆食，和于身。"太后曰："老妇不能。"太后之色少解。

左师公曰："老臣贱息舒祺，最少，不肖；而臣衰，窃爱怜之。愿令得补黑衣之数，以卫王宫。没死以闻。"太后曰："敬诺。年几何矣？"对曰："十五岁矣。虽少，愿及未填沟壑而托之。"太后曰："丈夫亦爱怜其少子乎？"对曰："甚于妇人。"太后笑曰："妇人异甚。"对曰："老臣窃以为媪之爱燕后贤于长安君。"曰："君过矣！不若长安君之甚。"左师公曰："父母之爱子，则为之计深远。媪之送燕后也，持其踵，为之泣，念悲其远也，亦哀之矣。已行，非弗思也，祭祀必祝之，祝曰：'必勿使反。'岂非计久长，有子孙相继为王也哉？"太后曰："然。"

左师公曰："今三世以前，至于赵之为赵，赵王之子孙侯者，其继有在者乎？"曰："无有。"曰："微独赵，诸侯有在者乎？"曰："老妇不闻也。""此其近者祸及身，远者及其子孙。岂人主之子孙则必不善哉？位尊而无功，奉厚而无劳，而挟重器多也。今媪尊长安君之位，而封之以膏腴之地，多予之重器，而不及今令有功于国，一旦山陵崩，长安君何以自托于赵？老臣以媪为长安君计短也，故以为其爱不若燕后。"太后曰："诺，恣君之所使之。"

于是为长安君约车百乘，质于齐，齐兵乃出。

用现代汉语叙述该名篇的大意如下。

赵太后刚执政的时候，秦国前来攻打赵国。赵国向齐国求救，齐国提出的发兵条件是让赵太后的小儿子长安君作为人质前往齐国。赵太后不肯答应，大臣们极力劝说，赵太后气急，明言道："谁再来说要让长安君当人质，我就把唾沫吐在他的脸上。"

在这种情况下，左师触龙出马了。他并没有一见到赵太后就痛陈利害，而是先聊了聊家常、说了说自己的身体状况，再关心地询问赵太后的饮食起居情况，待赵太后神色稍缓，情绪不那么激动了，才把话题引向自己如何疼爱儿子，最后落在赵太后与其儿女的事情上，点明父母若是真的疼爱自己的孩子，必须为他们的长远利益考虑，成功地说服了赵太后。

触龙自始至终没有提过想让长安君去齐国当人质的事情，但是他用聊家常的方式达到了劝谏的目的。

为什么不直接询问沟通对象的心情呢？因为大多数中国人十分机警，遇到类似的询问，在不清楚对方的用意的情况下，是不愿意老实回答的。问了等于没问，不如拐个弯儿，自己探寻比较真实的答案。

那么，有没有不用寒暄就直切正题的情况呢？有。以下两个条件满足其一即可尝试直切正题。

条件一：双方熟识，要谈的事情比较重要，且相关事情的前因后果，双方都比较清楚。

条件二：沟通水平极高，有把握迅速吸引对方的注意力，让对方不得不跟着自己的思路走。古时知名的说客（如苏秦、张仪、诸葛亮）便是个中高手。

现实生活中，满足条件二的人不多见，因此，大多数中国人喜欢使用迂回的方式，先让对方明确表示自己不会生气，再说出可能冒犯对方的话。

比如，试探性地问："我有一句话，不知当讲不当讲？"不要以为这是废话，这其实是在告诉对方：我要说几句可能会让你不高兴的话，你要有个心理准备。

想把话说到对方听得进去的程度，把话说妥当是前提。只是说得对并没有用，有时候，我们说得越对，对方越觉得没面子，以致恼羞成怒、完全听不进去。说错了，后果更加严重。

学会察言观色

说话时不仅要谨慎、小心，还要努力让对方听得进去；听话时不仅要听对方怎么说，还要努力听对方的言外之意，学会察言观色。

任何一句话，认真听都能听出某些道理，不会毫无价值。沟通时，很多阻碍的出现源于我们不关注话中的道理，常斤斤计较于对方表达时的态度和语气。事实上，正所谓"忠言逆耳"，越有道理的话，越容易引起听者的反感，只要说话的人把话说妥当、听话的人认真听道理，沟通会顺畅很多。

总之，既听被说出的话，又听言外之意，综合理解，才能真正地"听懂"一句话。

察言观色时，关注的重点是说话者的表情。

表情比言语更能真实地表现说话者内心的情绪。

人类五官中，眼睛是最诚实的。

在《孟子·离娄上》中，有如下一段记载。

孟子曰："存乎人者，莫良于眸子。眸子不能掩其恶。胸中正，则眸子瞭焉；胸中不正，则眸子眊焉。听其言也，观其眸子，人焉廋哉？"

翻译成现代汉语，大意如下。

孟子说："观察人的邪正，没有比观察他的眼睛更准确的了。眼睛无法遮掩人的恶念。心正，眼睛就明亮；心不正，眼睛就昏昧。先听他的话，再看他的眼睛，人的邪正，哪里隐藏得了呢？"

除了表情表现的情绪、眼睛透露的邪正，对方说话的速度、音调、节奏等，也能帮助我们揣摩对方的心理。

比如，说话的速度常能反映一个人的心情：说话速度快的人突然慢下来，可能是因为有些不满；说话速度慢的人忽然加快语速，可能是因为在说谎，或者心中怀有愧疚。

再如，说话的音调常能反映一个人的状态：人在说谎时，由于害怕谎言被揭穿，音调会不由自主地提高；反对他人的意见时，人也可能无意识地提高自己的音调。

又如，说话的节奏常能反映一个人的底气：说话节奏稳定、语句顺畅，说明信心十足；说话时常张口结舌、吞吞吐吐，说明自信缺失。

想要获得正确的察言观色的结论，最好时刻提醒自己：不同人的观念是不同的，平日多沟通，先了解清楚对方的价值观、人生观，再对对方说的话进行评判，通常比较准确。否则，若把坏人当成好人、将好人看成坏人，不仅自己会吃亏，还会引起他人的不满。

与精于世故、喜怒不形于色的人交往，多沟通尤其有必要，因为我们很难通过其表情看出其内心活动。

> 若非经过多次观察、了解，最好不要轻率地判断一个人的正邪、善恶。

俗话说："衣不如新，人不如故。"大概是因为相处时间越长，越容易了解彼此。

☯ 关注对方的立场

在沟通方面，中国人普遍重视圆满，即会想方设法地站在他人的立场上，让大家都有面子。具体来说，在众人围谈的场合中，切忌只照顾一部分人，冷落另一部分人——被冷落的人觉得丢面子后，很可能产生不良情绪，故意制造问题，导致所有人沟通困难。

在《红楼梦》中，王熙凤初见林黛玉时，说了如下一段话。

天下真有这样标致的人物，我今儿才算见了！况且这通身的气派，竟不像老祖宗的外孙女儿，竟是个嫡亲的孙女，怨不得老祖宗天天口头心头一时不忘。

林黛玉远道而来，对王熙凤来说是客，夸她是应该的，但是当时迎春、探春、惜春姐妹都在场，如果只夸黛玉，恐怕她们会觉得不快，因此，王熙凤加了一句"竟是个嫡亲的孙女"，在夸黛玉的同时，也夸了迎春、探春、惜春姐妹，大家都有面子。

在人数众多的情况下，让每个人都有面子很难，但在沟通的过程中，尽量站在他人的立场上考虑问题，确实有助于沟通的顺利进行。

沟通的层次

沟通有 4 个层次：第一层，不沟不通；第二层，沟而不通；第三层，沟而能通；第四层，不沟而通。

我们逐一介绍以上 4 个沟通层次。

不沟不通

从本质上讲，不沟不通算不上沟通。

本书之所以要以不沟不通为沟通的起点，是因为所有沟通的初始状态都是不沟不通。

处于不沟不通状态的人们是没有沟通欲望的，或者说认为没有沟通的必要。比如，两人虽然认识，但是工作、生活基本没有交集，不需要"通"，自然不需要"沟"。

☯ 沟而不通

沟通习惯是有地域差异的：大多数西方人遇到事情会选择直白地说出来，其习惯是"我有事情，会直接跟你说"；大多数中国人遇到事情则不会选择直白地说出来，其习惯是"我有事情，但为什么要跟你说"。由此可见，大多数西方人的沟通出发点是"我要说"，大多数中国人的沟通出发点则是"我不跟你说（也能办成事）"。

出发点不同，结果随之不同。很多中国人学习了西方的沟通理论后，想在中国社会中广泛应用，却经常导致沟而不通。

沟而不通的现象很常见。比如，人们虽然在滔滔不绝地说话，但一方说的话另一方根本没听进去。再如，听话的人被某句话冒犯，非常生气地当面指责，导致说话的人下不了台。

说了很多话，却无法实现预期的沟通目标，这就是沟而不通。

古人常说："武死战，文死谏。"其中的"文死谏"说的就是沟而不通的悲惨结局。中国古代负责向皇帝进谏的官员常因沟而不通触怒皇帝，以致丢了性命。在现代社会中，沟而不通虽然不至于让我们丢了性命，但会给我们的工作、生活带来诸多麻烦，让我们寸步难行。

为什么有些中国人不易沟通？

第一，和面子有关系。是否会沟而不通，和所说内容的对错没有必然关系，并不是说得对就"通"，说得不对就"不通"。有时候，说得对也可能导致不良结果的出现——对方可能会因你说得对、说到了他的痛处而觉得没有面子，而人在丢了面子时很容易恼羞成怒，以致蛮不讲理、沟而不通。修养好一些的人，表面不生气，其实心中不快，同样会沟而不通。

在这种情况下，闭嘴不说也不妥。矛盾双方互相不理睬，导致气氛尴尬，想说话的人都不知道应该从何说起，也是沟而不通的表现之一。

因此，说与不说、说对说错都可能导致沟而不通。很多中国人之所以先说先死，是因为所有人说的都不过是片面的道理，别人支持你或不支持你，都可以陈述许多理由。实际上，在中国社会中，某个人赞成另一个人的观点，并不意味着对该观点的完全认同或肯定，大多数情况只是给予一种友善的支持。

要想立于不败之地，发言前必须了解一下自己能否获得别人的支持。

第二，情绪化也是很多中国人不易沟通的主要原因。因为中国人的警惕性普遍很高，所以很多中国人的怀疑心很重、情绪的起伏很大，往往一句话听得不顺，就会想很多，而且很容易越想越多、越想越生气。以"你把我惹生气了，我当然不讲理"为借口，蛮不讲理到底，怎么沟通？

在这种情况下，唯有小心翼翼，步步为营，一句话都不能说错，才有可能顺利沟通。

如果已知很难获得良好的沟通效果，还不如不说话。如果对方是有识之士，知道"不说话并不代表无话可说，而是不知道该不该说、怎么说才有效"，会主动提供沟通渠道、增强沟通信心、优化沟通气氛，这样，更容易实现沟而能通。

如果认为不说话是消极的做法，想主动改变沟而不通的情况，最好尝试站在对方的立场上沟通。凡事以对方的利益为出发点，久而久之，会获得对方的信任，沟通起来就顺畅多了。

当事情有多种处理方案时，可以先瞄准对方的需求，提出若干可行的方案，再根据对方的立场和行事风格，评估、分析、选择最合适的处理方案。如果几种处理方案均不可行，可以继续调整，以求获得合理的回应。

沟而能通

沟而能通是人们喜闻乐见的情况。有误会也好，有分歧也罢，只要沟而能通，都不是问题。

沟通要讲缘分，有缘的人在一起，大多能谈得很投机；无缘的人在一起，则经常陷入话不投机半句多的困境，或者各说各的，说得很热闹，但没有任何效果。

其实，只要关系好、交情深、场合适宜，即掌握了天时、地利、人和，大多数中国人是能够有话直说、有话实说的，不仅彼此沟通畅快，而且沟通效果良好。

前面说过，很多中国人不易沟通，第一是面子问题，第二是情绪问题。要想让对方感觉有面子，并且有良好的沟通情绪，妥当地说话很关键。

此时，我们需要关注的问题是"如何区分妥当的话与真话"。有时候，真话是非常刺耳的。不要以为反正都是实话实说，怎么说都一样，有些话，说得妥当一些，对方是能够接受的；说得十分真实、犀利，对方则很有可能难以接受，甚至情绪应激。

比如，"你这件衣服太难看了，我送你一件新的吧"这句话是不够妥当的。虽然送衣服是好意，但对方很难接受这种说法。如果换成"我有一件非常适合你的衣服，你要不要试试看？如果穿着好看，就送给你了！"这种说法，听感会好很多。

我们常说有人好心办坏事，就是因为事情办得不够妥当，才事与愿违。

不沟而通

不沟而通是一种艺术。我们要先追求说到不死，再追求沟而能通，最后追求不沟而通。

很多中国人非常重视人与人之间的默契，拥有高度的默契便能实现不沟而通。有时候，人们不需要说话，仅靠眼神、动作，就能把意思传达清楚。

想做到不沟而通，不是毫无章法可循。

不沟而通的关键在于双方有默契。想要建立默契，就要关注对方，将心比心地相处。

心意相通，自然能够不沟而通。

沟通的原则

中国人普遍重视诚信,非常厌恶不诚、无信的人,然而,沟通时,如下几句话很常见。

我告诉你,你不要告诉别人。

如果你要告诉别人,不要说是我说的。

如果你告诉别人这话是我说的,我一定否认。

……

大多数中国人说这些话时根本没有欺骗别人的意思,可见说这些话和是否诚信没有关系,并不属于不诚、无信。

第一句话真正的话意为"因为你我的关系不同寻常,所以我才告诉你。我说的话,你相不相信、相信到什么程度,都由你自己决定,不要赖在我身上"。这句话中的"你不要告诉别人"并没有法律约束力，只是好意提醒对方：一切由你自己负责。

第二句话真正的话意为"如果你决定要告诉别人，表示你已经充分明了、相信我所说的话了，是经过慎重考虑后告诉别人的。这时候，你说的话是你研判之后的资讯，而你所要告诉的人是你自己审慎选择的，一切与我无关"。

换句话说，说话人的意思是"我可以告诉你，你在必要的时候当然可以告诉别人，但是你必须审慎地选择诉说对象。你告诉别人的时候，千万不要提及我，以免使我难做。在要不要告诉别人方面，我尊重你的决定；在信息来源保密方面，请你尊重我"。

在这种情况下，如果发生以讹传讹的事，是怪说话的人不负责任、随便乱说，还是怪听话的人不懂分辨、太轻信别人？其实双方都有责任。为了杜绝此类事情的发生，我们应该严格约束自己，对自己的行为负责，既不要以讹传讹，又不要偏听偏信。

第三句话真正的话意为"如果你一定要告诉别人，且明言是我说的，鉴于这个对象不是我选定的，话说到什么程度也不是我能控制的，我只能表态：我并没有说这些话。我这样的表态并没有什么问题，因为我确实不是这样说的——语气、用词都不同"。

在这种情况下，否认是有理有据的：你不理会我的要求，明言是我说的，不仅不尊重我，还把责任推给我，我只好通过郑重否认把责任推回给你。如果我的否认使你感觉没面子，我也没办法，因为你既然选择了自作主张地告诉别人，就应该自己承担所有后果。

沟通的方向

沟通,按信息流动的方向可以分为向上沟通、向下沟通和平行沟通。我们说过,大多数中国人建立的人际关系本质上是人伦关系,而人伦是有大有小、有上有下的,人们既不能以大欺小,又不能以下犯上。

向上沟通是居下者向居上者陈述实情、表达意见的沟通,即我们通常所说的下情上达,如臣对君、子对父、下属对上司。

向下沟通与向上沟通相反,是居上者向居下者传达意见、发号施令的沟通,即我们通常所说的上情下达。

平行沟通指同阶层人员、部门之间的横向沟通。公司内部同级部门之间是需要平行沟通的,以促进彼此的了解、加强合作,免得产生隔阂、影响团结。平行沟通的目的是交换意见,以求心意相通。

以上 3 种沟通，对任何人而言都是常用的，而且信息流动的方向不是一成不变的。

向上沟通、向下沟通、平行沟通，这 3 种沟通是可以随具体情况的不同互相转化的。

☯ 向上沟通

在向上沟通中，"下"应为主体。

以下属与上司的沟通为例，下属经常要汇报、请示、建议，甚至在犯错误后为自己辩解，这都属于向上沟通。向上沟通时，下属不应以下犯上，但也不必奴颜婢膝。

作为下属，应该安守本分，注意自己的言行，让上司感觉到被尊重。有些下属，上司稍微对其客气些，便得意忘形、没大没小起来，导致上司不得不摆出高姿态。

对下属来说，最好的表现是不卑不亢：太"亢"，会使上司的面子受损，上司若真的还以颜色，吃亏的是下属；太"卑"，则很容易在上司心中留下"无能"的印象，于己不利。

若碰到与上司的意见有分歧的情况，下属应该合理地坚持，否则，上司一说"不"，下属就见风转舵，会给上司留下不可靠的印象。不过，需要注意的是，作为下属，坚持的行为必须合理。比如，先肯定上司的意见，再表达自己的意见；再如，提出问题，虚心请教上司。作为下属，切忌过分坚持，甚至顶撞上司。若上司以为下属在挑战他的权威，难免会以势压人，容易伤了上下级之间的和气。

打通上下级沟通渠道的最好方法是让上司感觉到下属心中有他。如果下属能让上司感觉到自己心中有他、所作所为都是为他着想，说的话很容易被上司听进去；相反，如果下属不被上司信任，所有行为都让上司觉得动机存疑，说的话很难被上司听进去。

向下沟通

在向下沟通中，"上"应为主体。

要想沟通顺畅，上司最好不要总是一副高高在上的样子，否则，很容易使下属心生畏惧，甚至产生不愿意沟通的抵触情绪。

具体而言，越是位高权重的人，越应该表现出平易近人的样子，比如，与下属说话的时候应如同仁慈长者，多用谆谆教导的口吻。动不动就大发雷霆、咄咄逼人的上司，大多数不懂得圆通的"为官之道"。

案例

某公司副总经理第一次去香港出差回来后，非常兴奋，以致开会的时候不谈正事，大谈特谈香港的风土人情。参会的人听得很不耐烦，但不方便打断他，只好纷纷看向总经理。

这时，总经理应该怎么做？他尝试暗示副总经理先谈正事，可是副总经理对他的暗示视而不见！

身为总经理，连会议议题都把控不住，岂不丢人？于是，总经理强行打断了副总经理的侃侃而谈，明确地说："去香港的事以后再谈，我们现在先谈正事。"

没想到，副总经理被当场压制，顿时觉得丢了面子。为了不在下属面前颜面扫地，副总经理依然我行我素，见缝插针地讲他在香港的见闻——宁可散会后被总经理惩治，也要在参会的下属面前保住面子。

案例中的副总经理这样做，会导致什么后果？很可能会让总经理更加生气！两大主事人暗中较劲，会议气氛很难和谐、友好。

那么，制止副总经理大谈题外话的正确、高效的方法是什么呢？其实，总经理可以在会上这样说："××副总，你的见闻很新奇，在这个会上零零散散地讲也太委屈了，我给你安排一个专题演讲会，细细分享，好不好？××科长，你会后立刻安排两个小时的时间，我们专门请××副总讲讲他在香港的见闻，今天这个会，我们先抓紧时间解决目前工作上的问题。"

这样说，既给副总经理留了面子，又强势把控了会议议题，方为上策。

☯ 平行沟通

对上沟通、对下沟通，彼此保留三分的礼让空间，更容易找到合理的平衡点。

那么，平行沟通应该注意些什么呢？

平行沟通比较特殊：大家平级，很容易产生"凭什么听你的"等想法，不利于良好、高效地沟通。

在这种情况下，要想顺利沟通，需要从自己做起，给予对方足够的尊重。

大多数中国人很讲交互：你敬我一尺，我敬你一丈。因此，你尊重对方，对方自然会尊重你。

平行沟通时，一定要真诚，切忌存心占便宜或存心设陷阱让别人出丑。大多数中国人很怕吃亏，以致一朝被蛇咬，十年怕井绳。如果能够建立起"和我打交道不会吃亏"的形象，一定会在社交场上备受欢迎。

第五章 如何处理内部工作关系

一个工作团队通常包括3个层级的人员，分别为老板、干部（除老板之外的各级管理者）、基层员工。不同层级的人员的工作重心不同，进行人际交往的方式也不同。

基层员工的工作重心是不断提高工作能力、优化作业技术。作为基层员工，只要守本分、勤劳、敬业，很容易获得老板、干部的青睐；只要团结友爱、乐于助人，很容易与同事和谐相处。

干部的工作重心是关注、优化制度，重点负责依据制度落实管理。在工作团队中，干部处于承上启下的位置，既要与老板相处好，又要与基层员工相处好，无论哪方面的关系处理不好，都会导致自己陷入两难的困境。因此，干部在处理人际关系时，需要格外小心。

老板的工作重心是看透人性，以人为本地处理各方事务。与西方国家的企业多靠制度进行管理不同，我国的企业管理除了要重视制度的合理性，还要以人为本，关注人际互动。

可以说，在中国的大多数工作团队中，老板的作用不是管人，而是理人。老板的个人风格常影响整个工作团队的氛围：一个精明能干的老板大多能够带出精明能干的团队，团队中的人际关系相对简单、工作氛围相对和谐；一个喜欢玩弄权术的老板大多会带出钩心斗角的团队，团队中的人际关系非常复杂、工作氛围很难和谐。

老板如何处理人际关系

一个团队的成败,老板要负 70% 以上的责任。因为重任在肩,所以老板难做。

有人根据"宁为鸡首,毋为牛后"推断中国人普遍喜欢当老板,殊不知有一句与"宁为鸡首,毋为牛后"相对的话同样出名,即"大树底下好乘凉"。很多中国人一方面喜欢当老板,另一方面并不排斥成为好老板赏识的人才。有很多人是因为找不到好老板,才迫不得已选择自己当老板的。

当老板有甘也有苦,有时候表面风光,心里苦不堪言:既要保证企业顺利发展,又要与各个相关方打交道,还要摆平企业内部的各种麻烦事。

老板对自己要严格要求

管理就是管人。

大多数中国人是很难管理的，因为中国人普遍不太盲从制度，喜欢随机应变、找制度的漏洞，甚至寻机优化、更新制度（这一切都在合理的范围内，大多数中国人不会轻易做违法乱纪的事）。

在这种情况下，老板千万不要奢望单纯地用法律、制度管理团队，必须以人为本，结合"人治"。

人治，要从自身出发。换句话说，管理他人要从管理自己开始。

前文提到，老板的个人风格会影响整个工作团队的氛围，甚至会影响员工的工作方法。事必躬亲的老板十分辛苦、忙碌，有人才却不善于用人才，这是努力错了方向的表现。这种老板大多想以身作则，督促员工努力工作，可是他不明白，以身作则是指修养、品德良好、成为表率就够了，至于具体工作，不在其位，不谋其政，应该让各部门的员工充分发挥自己的主观能动性，管得太多，导致员工束手束脚地不敢放手工作，是有害无利的。

知人善任的老板知道，所有事情都亲力亲为迟早会被累死，不如把自己的时间和精力用在投入产出比更高的工作上：先了解员工的长处，再委派合适的工作，做到"知人善任"，是事半功倍的事情。

要想达到知人善任、人尽其责的境界，老板除了要有清醒的头脑，还要做到好心、包容、修德。

● 好心

作为老板，最重要的修己任务是时刻提醒自己要好心。

真正成功的老板能够抓住别人的心和别人的钱——有 100 个人愿意把他们的心交给你，你就可以领导 100 个人共同奋斗；有 100 个人肯把他们的钱交给你使用，你就有 100 个人的资金。

大多数中国人很难交心，也很抵触借钱，这是事实。作为老板，如果做不到抓住别人的心和别人的钱，只靠自己努力奋斗，很快会心力交瘁；只用自己的本钱，生意规模会非常有限。

在筹资方面，最高明的方法是用政府的钱，获得政府的支持，其次是向银行贷款，再次是向亲朋好友筹款，最后才是动用自己的存款。

想获得别人的钱，不一定要拿出自己的钱；想获得别人的心，则必须付出自己的真心。中国人大多知恩图报，所以作为老板要先施恩，再求回报。

老板以赚钱为目的，这无可厚非，毕竟企业不是慈善单位。但是即便是运营重视利润的企业，也要处理好义与利的关系。

孟子主张重义轻利，并没有否定利，只是义和利比较起来，义应该重于利。

老板正当赚钱，企业才能够持续发展，进而缴纳更多的税，造福社会。黑心的老板会压榨员工的脑力、欺骗他人的金钱，用经营成果中饱私囊；好心的老板则会适度利用员工的脑力、合理使用他人的金钱，获得经营成果后让大家受益。

好心的老板定能营造良好的气氛，使员工乐于工作，彼此关系和谐。员工有感于老板的好心，定会全力以赴，上下齐心，使企业蒸蒸日上。

◉ 包容

除了好心，作为老板，还要有容人的雅量，即要有包容心。

接受、认可他人的长处、优点，才能充分开发他人的潜能；善待比自己能力强的人，才能得道多助，获得更大的助力。

在名篇《哀公问政》中，有如下一段广为流传的话。

孔子曰："凡为天下国家有九经，曰：修身也，尊贤也，亲亲也，敬大臣也，体群臣也，子庶民也，来百工也，柔远人也，怀诸侯也。夫修身则道立，尊贤则不惑，亲亲则诸父兄弟不怨，敬大臣则不眩，体群臣则士之报礼重，子庶民则百姓劝，来百工则财用足，柔远人则四方归之，怀诸侯则天下畏之。"

翻译成现代汉语，大意如下。

孔子说："治理天下国家，有九条根本原则：修养自身品德、尊重贤能之士、亲爱家族亲人、敬重朝廷重臣、体恤各级官吏、爱民如子、招纳百工匠人、优待远方来客、安抚四方诸侯。具体而言，修养自身品德，便能确立治国之道；尊重贤能之士，处理事务就不致疑惑；亲爱家族亲人，叔伯兄弟便不会怨恨；敬重朝廷重臣，遇大事就不会迷乱；体恤各级官吏，士人必会竭力回报；爱民如子，百姓自当勤勉效力；招纳百工匠人，国家财物自然充足；优待远方来客，四方民众就会归附；安抚四方诸侯，天下之人自然敬畏。"

老板是企业的最高管理者，当然应该深谙尊重他人的道理，以便合理地领导他人，做到知人善任。

怎样尊重他人呢？孔子说："尊其位，重其禄。"

"尊其位"是精神方面的尊重，即给人才安排合理的职位；"重其禄"是物质方面的尊重，即给人才提供合理的待遇。两者并重，没有人会不尽心竭力。

尊其位、重其禄，都要求老板有容人的雅量，以及包容之心。

汉字中有一个字很重要——无。

"无"的程度高，就是圣贤；"无"的程度低，就是凡人。一辈子在"有"这个层次中打转，其实很可怜，用通俗的话说就是"想不开"。

心胸狭隘的人大多想不开，极其计较自己的得失，停留在"有"的层次上；心胸宽广的人容易想开，想得开才会懂得付出的重要性，而有付出才会有回报。

心胸宽广的老板不仅会自觉付出该付出的，还不计回报，这是一种奉献精神。

如果老板能做到无私地付出，员工必然会回报以忠诚。

老板的心胸在一定程度上影响着其事业的规模。能够包容

10个人的老板，和能够包容1000个人的老板，事业规模一定不同。

老板有包容之心，员工勇于开拓创新，大家朝着同样的目标努力，何愁企业发展不好？

● 修德

如果老板有管好人的愿望，却做不到，问题很可能出在自己身上。

作为老板，主要任务是"修己"，即提高自己的修养，而非致力于改变他人。

老板若一心一意地想改变员工，员工很可能会高度警惕，不是全力抗拒，就是表面接受，实际上阳奉阴违。因此，作为老板，不如努力提高自己的修养，感化员工，让员工自觉地优化自己的行为。

修己安人是中国人普遍接受的原则。有个企业老板曾对我说，他经营企业十几年，没有一个员工跳槽，为什么呢？因为他非常关注自己的行为举止，致力于做一个良好的表率，以致虽然没有费心管过员工，但是员工都不好意思欺骗他，全部兢兢业业地工作。

老板重视德行，必会影响着员工同样重视德行。如果每个人都能做到以德服人，企业中怎么会有令人心烦的明争暗斗？在重视德行的团队中工作，员工不会被各种琐事干扰，必能尽心尽力、各负其责地完成各项任务。

正所谓"得人心者昌"，自古以来，民心一直很受重视。

任何事业，都是安人的事业。管理的本质是人治，应由关心人开始。

关心人并不是讨好人，作为老板，绝对不可以讨好员工，否则很容易造成角色错位。带着不讨好的态度进行人治的老板，才是圆通的老板。

☯ 老板对干部要恩威并施

俗话说，物以类聚，人以群分。现代企业中人员流动频繁，能留下来的必然是和老板有共同之处的人。因此，老板不同，会带出不同的团队。

企业越大，老板越不可能事事亲力亲为。这时候，适当地委托别人协助自己进行管理是顺理成章的做法。企业具有一定的规模后，老板必须关注干部的支持与配合。

干部是老板不可或缺的助手，因此，老板必须处理好自己与干部的关系。要想处理好与干部的关系，老板至少应做到以下4点。

● 把功劳让给干部

老板要给干部提供发展的平台，而不是与干部争功。换句话说，凡是干部能做的工作，老板最好不要做，应该等干部完成任务后，出面对他们进行表扬、鼓励。遇到干部做不成的事情时呢？老板必须挺身而出，拿主意、担责任，让干部意识到自己的老板确实有能力。

在创业初期，老板确实应该亲力亲为地冲在一线，带领大家一起奋斗；但当企业走上发展正轨后，老板就要逐渐放手，将权力移交给干部。这就像教小孩走路，在小孩蹒跚学步时，你扶着他，他才敢试着迈步，如果你一开始就撒手不管，小孩很可能会不断摔跤，以致不敢走路了；但等他渐渐会走了，你就要放开手，让他尝试自己走，如果你一直扶着他，他可能一辈子都不会自己走路。

很多老板舍不得放权，或担心干部做得不好，这样工作会很辛苦。

管理企业好比下中国象棋。有的人用车很厉害，有的人用马、用炮很厉害，有的人则专会用卒。不管用什么比较厉害，没有人用将最厉害。

车、马、炮、卒都可能很厉害地上阵厮杀，但也都可能被吃掉。将最不厉害，却总是存活到最后——将没了，棋局就输了。

厉害的车、马、炮、卒都在为"不厉害"的将牺牲，那么，到底谁更厉害？当然是将更厉害！

将深藏不露，只是支持车、马、炮、卒去发挥各自的才能，这正是有效的领导。如果将喜欢自己表现，处处展示自己的厉害，车、马、炮、卒的存在意义是什么？

现实生活中，喜欢展示自己的厉害的将不仅会让车、马、炮、卒失去存在的意义，还会让自己疲惫不堪。

作为老板，切忌个人英雄主义，否则很可能吃力不讨好——老板一心一意求表现，干部就会把表现的机会让给老板，自己乐得清闲；老板懂得深藏不露的艺术，尽量把表现的机会让给干部，干部才工作得起劲。

● 给干部留面子

大多数中国人面对自己心甘情愿做的事情时，不会计较过程中的艰辛和困难，反而会视其为挑战，充满克服困难的力量。

中国人普遍不喜欢被管，老板若强迫干部做某事，很可能会得到阳奉阴违的结果。为了避免引起干部的反感，在日常工作中，老板要充分地给干部留面子，先把面子留足了，再交代事情，工作会容易推进得多。

有时候，干部犯点儿小错，老板要睁一只眼闭一只眼，牢记"水至清则无鱼，人至察则无徒"的道理。

干部有错，让他自我检讨即可。切忌贸然指出他的错误，甚至当众指出他的错误，否则他很可能会找很多理由来推卸责任。作为老板，如果犯错的干部会主动找你针对错误进行自我检讨，说明你这个老板当得很成功。

案例

某天，老板无意中看到了干部甲和干部乙同时迟到，他想了想，装作没看见，什么都没说。

过了一会儿，干部甲主动来到老板的办公室，向老板说明迟到的原因。老板很客气地接待了干部甲，两人详谈片刻后，干部甲保证以后不会再迟到，而老板表示没关系，偶尔迟到一次情有可原。

过了很长时间，干部乙也没有主动找老板说明迟到的原因，于是，老板派人将干部乙请进了办公室。老板并没有直接问干部乙为什么迟到，而是说："有人告诉我，你今天迟到了，是遇到什么事情了吗？"干部乙闻言，一五一十地说明了迟到的原因。

案例中的老板明明看到了干部甲和干部乙迟到，为什么不当场追究？是因为他不在乎干部违规吗？不是的，没有老板会放任干部违规，但干部违规（迟到）后，情绪本来就不佳，老板马上加以指责，恐怕干部会恼羞成怒，导致双方关系紧张。老板装作没看见，其实是在给干部留面子，等对方主动找他说明原因，再给予合理的处置。既然是一种尊重，就应该表现得相当宽容，允许迟到的干部先把紧要的事情处理妥当，再来说明迟到的原因。否则，迟到已经是违规行为，再因迟到耽误紧要的事情，岂不是罪加一等？

案例中的老板等到了干部甲，没有等到干部乙，怎么办呢？显然，老板不能对干部乙违规的行为不闻不问，否则，很容易放任其养成坏习惯，越来越无视制度的存在。

为了不让干部乙难堪，老板选择借他人之口点明迟到这件事，既起到了敲山震虎的作用，又不致让两人的关系变得紧张，是非常聪明的处理方法。

老板多给干部留面子，干部才会更加尊重老板，这是人之常情。

● 学会管理干部

老板尊重干部，是为了让干部更好地发挥主观能动性，认真工作。与此同时，老板要树立权威，不要让干部觉得老板太软弱，否则他们会反过来欺负老板。总之，老板在尊重干部的同时，要学会管理干部。

管理干部要恩威并施。老板要想让干部对自己心存敬畏，必须保持一定的神秘性，不要完全透明化，一旦完全透明化，干部就有可能把他架空。

干部始终不确定老板在想什么，就不敢生异心。

不过，对老板来说，让干部怕自己并不是目的，目的是让干部甘心为自己工作。因此，老板可以努力让一部分干部成为自己的"心腹"。

老板和干部要在工作中互相了解、充分沟通，在逐步建立共识的过程中培养感情，这样的合作关系才经得起考验。

培养心腹不是为了老板的个人权势，而是为了企业的整体发展。

优秀的、忠诚的干部是老板良好的工作伙伴，老板可以放心地把任务委托给他们。

正所谓"水能载舟，亦能覆舟"，老板一方面要信任心腹，另一方面不可以纵容心腹，既要发挥他们的优点，又要避免弊病的滋生。换句话说，作为老板，要谨防心腹起初兢兢业业、谨言慎行，但逐渐狐假虎威、欺下瞒上，导致企业问题频出。以史为鉴，历史上的奸臣最开始都是忠臣——如果一个人的额头上刻着"奸臣"两个字，他是没有成为奸臣的机会的。

干部可以把同事当朋友看待，因为与同事成为朋友，彼此不会斤斤计较，有助于持久地互助、合作。但是，老板最好不要把干部当朋友看待。

老板要对企业内的所有人负责。如果把企业比作家庭，老板就好像家长，家长有家长的责任（教育、管理等），很难真正地和子女做朋友。

老板若是与干部做朋友，一旦干部做出违反企业规定的事，老板就会因碍于友谊而不好开口指责：既容易伤了情面，又容易破坏制度。

老板若是失去权势，干部就可能利用这种权势来逐利，导致老板被蒙蔽。古时，皇权旁落，大臣就会造反。所谓"君君、臣臣"，就是说君臣有别。老板应该有老板的样子，扮演好自己的角色。

在创业阶段，老板和员工大多是亦主亦友的关系。随着企业逐渐壮大，各种制度会逐渐健全，慢慢地把企业内部员工的层级拉开是有必要的。

老板先树立威严，再展现亲和力，这个顺序较为妥当。

《论语》记载："君子和而不同。"老板和干部要"和"，却未必皆"同"。

◉ **不要鼓励对立**

大多数中国人喜欢合，不喜欢分。所谓"合则留，不合则去"，是最好的制衡方式。

制衡时，可能有两种心态，一种是站在合的立场上希望大家都好，另一种是站在分的立场上希望大家斗出个你死我活。

人们往往会因有相同的志趣、共同的利益而结成小团体，这就是所谓的"派系"。企业中有派系是正常的，老板的职责之一就是整合派系，以求团结协作。

俗话说："天下大势，分久必合，合久必分。"老板与干部丝毫无矛盾是很难的，最理想的状态是把握好"可以彼此制衡，但绝不对立"的原则，求同存异。

有些老板追求在干部之间建立制衡关系，以期势力均衡，殊不知这样做类似玩火，稍有不慎就会引火烧身。

老板有责任引导干部站在合的立场上竞争，大家可以有意见，但不应该闹意见，因为派系纷争必然造成混乱，对老板来说是有害无利的。

众所周知，三角形是最稳固的，因此楚汉对峙的稳定性不如三国鼎立。前者很容易陷入对立，出现你死我活的局面；后者吵来吵去、打来打去，谁都无法铲除谁，反而有相对稳定的大局。

老板如果发觉干部在逐渐形成对立的局面，应该及早警觉，培养第三方势力作为"和事佬"。两方僵持不下时，让"和事佬"从中斡旋，往往可以维持企业的稳定。

老板对员工要关怀照顾

老板与员工，就像园丁与花。园丁种花，应该"不禁其性，不塞其源"，而非揠苗助长。不禁其性，即不限制花的本性，根据所种的花喜阴或喜阳、喜干或喜湿的特点，将其种在合适的地方；不塞其源，即不堵塞水源，以便所种的花能够获得充分的养料和水分。

对老板来说，错误的管理方法是手把手地教员工如何工作、时刻谨防员工偷懒，正确的管理方法是顺着员工的本性，让其在合适的环境中自然发展。想要让员工高效工作，老板至少应做到以下4点。

● 善待员工

老板有责任对员工严加管教，但绝对不能虐待员工。

中国人普遍重视人性化管理、中国式管理，这绝不是说要马马虎虎、轻轻松松地管理。中国式管理不仅要严管，还要勤教：不教而管，就是虐待。

作为老板，必须清楚企业的成败在"人"：任何经营成绩，都离不开员工的贡献。

对待员工，老板必须心怀感激，用包容的心态看待他们的品格和业绩，而非仅用自己的好恶来评判他们，或者盛气凌人地滥用权力。

老板和员工必须同心协力，企业才能获得良好的发展。经营企业千万不可以有"施恩"的心理，如果老板挟恩求报，员工很可能会心生反感："如果不是我们努力工作，凭你一个人，怎么可能赚到这么多钱？"

员工工作不力，老板应首先反思自己是否疏于教导。作为老板，千万不要随便惩罚员工——惩罚应针对屡犯者，不应针对初犯者。初犯会受到重罚，就没有人敢做事了，因为多做多错，不做不错，多一事不如少一事。员工第一次做错事，老板心平气和地指出他错在了哪里、会产生怎样的后果、可以如何补救，这就够了；如果员工再次犯同样的错，便不能轻易地放过他，但是也不宜太严厉，毕竟只是第二次犯错，这时，老板要告诉他，再一再二不再三，如果有第三次的话，后果自负。这样做，会逐渐在企业内形成一种"可犯错，但不可重复犯错"的风气，员工会知道有错必改的重要性。如果员工屡教不改，老板才能效仿诸葛亮，采取"挥泪斩马谡"的措施。

在一个企业里，老板要想管理好、照顾好所有员工，必须做到大公无私。企业里的每个员工都有其长处，都有其贡献，都是企业必不可少的一分子。

● 重视基层

基层员工任劳任怨、埋头苦干，其实是企业里最辛苦的人，非常需要老板的关怀与重视。

可以说，基层员工是企业发展的基础，他们是不是关心企业、用心工作，在一定程度上决定着企业能否永续经营。

老板关怀、重视基层员工，表现在工作方面，就是努力纾解他们的工作压力、改善他们的工作环境、提高他们的工作地位。老板应该为员工提供家一般的工作环境，让员工都以企业为家。注意，这里的"家"不是指小家庭，而是指大家族——由多个小家庭组成。企业中的部门相当于一个个小家庭，而企业相当于一个大家族，老板即为族长。传统大家族中的族长是很难当的：既要维护每个小家庭的利益，又要兼顾大家族的利益。因此，如果老板片面地把企业看作小家庭，是没有办法管理好企业的。

企业能不能经营得好，要看员工有没有齐心协力、是不是一条心。把员工看作家人，让所有员工都把企业当成第二个家，很多问题会迎刃而解。

一个好老板，是会把人事管理、人事业务延伸到员工的小家庭中去的，比如，某员工的家人生病住院了，老板会派人前去慰问。类似的事情，会使员工感到体面，感激老板的厚待，进而更努力地工作。不仅如此，相关员工的家人也会心怀感激，进而全力支持该员工的工作。

在工作中，老板对基层员工的要求不能和对干部的要求一样高，因为大部分基层员工的学识、经验不足以支撑其进行合理应变。不过，具体如何推进基层工作，不应该由老板一个人决定，甚至不应该由老板和少数几个干部沟通决定。在没有最终决策时，老板应该欢迎基层员工表达自己的意见，集思广益。

为什么这么说？因为老板和干部毕竟不在一线工作，很容易有考虑不到的细节，多听基层员工的意见，老板能更好地了解当前的一线工作动态。

● 知人善任

管理员工的精髓是让每个员工都能做最适合自己的、最擅长的工作，这样才能高效率地工作。

知人善任，需要合理地给不同的员工分配不同的工作任务。想要做到这一点，需要清楚地了解各员工的能力、正确地衡量各员工能够挑起的担子的重量。

对老板来说，如果某员工只能挑起 50 斤的担子，你强行让他挑 100 斤的重担是你的错。任务应该有挑战性，但挑战要适度。让只能挑起 50 斤的担子的员工挑 55 斤的担子，是在培养他；让他挑 100 斤的担子，则是在虐待他。

知人善任是说起来容易做起来难的事情。要想看清一个人的本质，最好从人际关系方面入手考察他，重点看他身边的朋友是什么样的人。正所谓"物以类聚，人以群分"，员工之间相处的时间长、接触的机会多，比老板更能看清彼此的本质。

除了要合理地给不同的员工分配不同的工作任务，老板还要用不同的态度对待不同的人。一般来说，从心态上分，员工大致有三类："等死"的、"怕死"的、"找死"的。

"等死"的员工大多奉公守法，是企业的忠实支撑者。他们不迟到、不早退，但也不会太积极进取，大多满足于每月完成既定的任务后等着发工资、年复一年地等着退休。对待这样的员工，老板要合理关怀，因为如果没有这些为数较多的"等死"的员工，执行例行事务的人手很可能不足。

"怕死"的员工警惕性较高，遇到工作能推即推，因为多做多错。员工"怕死"，多因为老板给予的信任不足——老板越不信任员工，员工越缺乏承担责任的勇气。对待这样的员工，老板要尽可能多地给予信任，帮助他们建立承担责任的信心。

"找死"的员工企图心旺盛、行动力强，往往有干劲十足的特点。"找死"的员工的活力，引导得好，会显著提高整个企业的活力；引导得不好，则容易惹起事端，对企业的发展有害无利。对待这样的员工，老板不仅要合理引导，让他们将活力释放在工作中，还要防止他们制造争端，降低企业的整体工作效率。

◉ 善用激励

激励是一把双刃剑，用得好可以提高员工的工作效率，用得不好则会打击士气。

大多数西方人倾向于激励有能力的人，大多数中国人则倾向于激励有本事的人，即有能力且受欢迎的人，老板会努力做到公正，但这不一定公平。

现代企业中，缺乏适当的激励是员工表现不佳的重要原因之一，因为缺乏激励不仅会导致企业士气低落，还可能造成员工流动率过高、人情冷漠、生产力低等不良后果。

"不激励不行"似乎是一种趋势，大家都意识到了激励的重要性，但有些老板因未掌握激励的精髓而采用了无效的激励方式。

　　有些老板认为刺激、鼓舞或开空头支票是激励，有些老板认为以诚相待是激励，还有些老板试图用施加压力的方法激励员工，殊不知这些举措并不是真正良好的激励举措，时间一久就会失去效用。作为老板，不了解激励的真谛，是无法激励员工好好表现的。

　　事实上，实施激励并不简单。要想实施激励，必须制定奖惩规范。大多数中国人相当机灵，会根据奖惩规范粉饰自己的业绩，让考核的人很难评判孰优孰劣，以致每次公布结果，都有人觉得不公平。若大家的愤愤不平强烈到抵消激励效果的程度，甚至引发冲突，老板就弄巧成拙了。

　　要想合理地实施激励，老板一定要明确激励原则。激励不可过分，以免"惯坏"员工，无以为继；或者让员工"膨胀"，恃宠而骄。激励的目的是调节、优化员工的行为和企业的氛围，站在不激励的立场上激励，才能真正做到"不可不激励，不可乱激励"。

　　善用激励，需要重点关注以下4点。

　　第一，只求公正，不讲公平。

　　实施激励是为了调节、优化员工的行为和企业的氛围，使员工互相了解，有越来越好的绩效表现。然而，现实生活中，有了激励制度后，很多人会明争暗斗、互相猜忌，导致怨声载道、得不偿失。

　　"争第一、不落后"是很多中国人的志气，只要有奖有惩，大家就会奋力向前。因此，激励的氛围越浓厚，明争暗斗的情况越多；大家越重视结果，不公平的感觉越强烈。很多中国人像水一样，平安无事的时候，好像流在平地上，默默无声；一旦受了委屈，立刻像流在乱石滩上，不平则鸣。这种特点，导致很多激励效果会被愤愤不平的负面情绪抵消。

> 激励的目的是好的，但很容易产生反作用。只要未实现激励目标，不管目的多好，都算不上是良好的激励。

如何解决这一问题呢？可以尝试让大家从根本上改变对激励的公平性的预期。老板可以坦诚说明"只能够做到公正，很难保证公平"，因为如果老板自己强调公平，员工就会用不公平来批评他。得到激励的人不感激——依法获得合理报酬，并没有得到什么特别的待遇，为什么要心存感激？未得奖赏的人不服气，甚至发出不平之鸣，严重地打击士气，破坏团队的和谐。这完全是老板认为自己公平招致的恶果。

任何激励措施都不可能不分等级地给予所有人同样的激励，做到公正，就已经很不容易了。

第二，用恰当的方式激励。

激励效果良好，员工会士气振奋，再创佳绩；激励方式有误，则很可能两败俱伤：老板气愤不已，员工愤愤不平，造成的损失远大于激励成本。

激励方式很重要，切忌仅根据老板的意愿确定。特别是物质奖励，如果员工根本不需要，那就不是激励，而是"鸡肋"——食之无味，弃之可惜。比如，某员工表现极佳，公司奖励他出国旅游。这本是人们梦寐以求的好事，但最近该员工的家人生病了，他根本走不开，既没心情，又没时间接受这个奖励。在这种情况下，出国旅游不如带薪休假。

激励方式要根据员工的实际需要确定，让优秀员工各取所需。

第三，激励不可偷偷摸摸。

激励不便大张旗鼓，否则容易惹得不相关的人反感，但也不可偷偷摸摸，因为中国人普遍讲究行事要光明正大，偷偷摸摸地激励，容易使被激励者有做贼心虚的感觉，实在不妥。

何况，世上没有不透风的墙，偷偷摸摸地激励容易让旁观者心里想："有什么大不了的事，需要如此神秘？是不是见不得人？"若因此流言四起，更加糟糕。

第四，激励要考虑时间因素。

时间不同，激励的方式应该有差异。

有的老板喜欢在逢年过节时激励优秀员工，让优秀员工在喜庆的日子里喜上加喜，殊不知这种做法等于宣布除了这些优秀员工，其他员工都不优秀。按理说，逢年过节，应该让所有员工都愉快，不应该如此行事，让少数人愉快而大多数人不愉快。

干部如何处理人际关系

我们通常把干部称为"中坚力量",但现在有些人喜欢求新、求变,把"中坚力量"改为"中间力量",以致原有用意尽失,显得不明事理。

"中间"只能表明所处的位置,"中坚"才能凸显独特的性质与艰难的处境。若是不用心、不小心,处于中间位置的人必然承受不了上下夹攻的压力,所以非"坚"不可。

干部的处境大多是上压、下顶、左攻、右挤的,必须坚忍不拔,才有可能合理地应对,渐入佳境。在这种复杂、艰难的处境中,干部要想同时处理好与老板、平级同事、基层员工的关系,至少应做到以下几点。

不要不三不四

在大多数中国人眼中,"不三不四"是一句骂人的话,但干部地位特殊，夹在中间，经常扮演"不三不四"的角色。

何谓"不三不四"？举个例子如下。

有一天，老板撞见了 A 员工违反企业规定的行为，但是他不动声色、若无其事地走开了。回到办公室后，该老板打电话给 B 干部，说道："是不是有人违反企业规定了？你去查一下。" B 干部听令调查，果然获得了 A 员工违反企业规定的铁证。于是，B 干部找到 A 员工，坦白地告诉他，自己原本不知道他违反企业规定，是老板亲眼看见并打电话要求彻查的，不得已才把他揪出来。B 干部的意思是"我只是奉命办事，不得已而为之，你要怪，就怪老板吧"。这种"出卖老板"的行为，就是不三不四的行为。

那么，B 干部妥当的做法是什么呢？是诚恳地向 A 员工说明，老板看见他违反企业规定了，但认为他一定有苦衷，所以让自己来了解一下相关情况。

这样做，既能让 A 员工毫无抵触心理地认错，又能完成老板交办的任务，是维护了双方利益的合理做法。

不三不四的行为既容易得罪老板，又容易得罪基层员工，是需要特别规避的。

那么，常见的不三不四的行为有哪些呢？

第一，出卖老板，讨好下属。

在企业中，干部需要与老板配合，让老板做好人，自己做坏人。具体而言，老板应该以"情"为重，处处讲人情，不到最后关头，不要贸然辨是非；干部则应该以"理"为重，把老板的"情"调节到合理的地步。干部依法执行，老板好意善后，这才是最佳搭档。

老板当坏人容易导致怎样的结果呢？看到员工违反规定，便亲自给予苛责或处置，是一种严重的"上侵下职"的不当行为。老板与干部各有分工，老板若事必躬亲，侵犯干部的职责，必然会让干部没有面子，破坏双方的合作关系。

老板当好人，把难题留给干部，干部不用猜老板的用意，自己合理应对即可。面对老板，干部应该合理顺从，而非盲目服从或存心叛逆。出卖老板，并不一定能讨好下属，反而极有可能自毁前程。

第二，讨好老板，压制下属。

作为干部，处处讨好老板，牺牲下属的利益来满足老板的需求的行为，同样是不三不四的行为。

老板的决策正确时，干部理应服从，并领导下属全力以赴；老板的决策不正确时，干部则应该据理力争，适当地维护下属，重视基层员工的权益。

自古以来，讨好老板的干部都是下属心中的"马屁精"，很难服众。

服从并不是讨好，不合理的服从才是讨好。

干部是老板和基层员工之间的桥梁，为了讨好老板而压制下属，很容易激起民愤。

面对老板的决策，干部合理的做法是有把握时，立即表示服从；有困难时，先口头答应，再尽快核查实际情况，据实反馈，建议老板再次斟酌。让老板自行调整决策，皆大欢喜。

第三，欺上瞒下，粉饰太平。

老板过分相信干部，以致干部毫无顾忌地欺上瞒下，这是老板的过失。

作为老板，不必公开评判干部的优劣，但必须不定时地通过明察暗访了解干部的品性，谨防干部欺上瞒下。

干部要想摆脱"不三不四"的困境，必须做到"不越权、不失责"。

所谓"越权"，指不当决而决的行为，即代老板行使最终裁决权。

所谓"失责"，指当负责而未负责的行为，即没有做好应该做好的事情。

越权，会让老板不放心；失责，会让老板不安心。无论是越权还是失责，都会让老板坐卧不安。

不三不四的行为，是干部需要规避的行为。注意调整自己的行为，在合理中找平衡，方能长久保住自己的职位。

☯ 建立主伴关系

干部要想处理好自己与老板的关系，应以"不越权，不失责"为原则。

不越权、不失责是说起来容易，做起来很难的事。越权可能带来"功高震主"的悲惨结局，失责可能产生"不堪重任"的恶劣评价，两者对干部而言都是有负面影响的。

要想既得到老板的信任，又工作得自在，干部最好与老板建立主伴关系，即老板为主，干部为伴。

以前，老板和干部多为主从关系——老板做主，干部服从。在主从关系中，老板大多很专制，喜欢"一言堂"。如今，越来越多的老板与干部建立了主伴关系，有了更好的配合。

主与伴应该怎么配合呢？

第一，明面上，由老板决策；实际上，干部全力协助老板进行决策。

具体而言，为了高效地处理相关事务，遇事时，干部不能静待老板决策，而应未雨绸缪地积极提供有关现状、变数的信息，协助老板进行决策。决策越切合实际情况，干部越能顺利地推动执行，这是利己利人的做法。

第二，老板（主）应该是通才，干部（从）应该是专才。

如果老板是专才，很容易在决策时带有很强的倾向性，甚至有些偏激，因此，老板应该博览群书，做一个通才更有利于全面地审时度势。

老板是通才，就要求干部是各方面的专才——既有全面的领导者，又有各方面的专家，团队才是互补的、能够健康发展的。

第三，干部要站在不服从的立场上服从。

盲目地服从是不负责任的表现，好的干部要懂得站在不服从的立场上服从。

是否做到了站在不服从的立场上服从有一个重要的衡量标准——是否做到了适可而止。

有些干部以为老板喜欢听话的下属，因此凡是老板的决策都坚决执行，哪怕明知相关决策是错的，也不提出异议。

其实，从老板的角度说，最不敢放心交办重要任务的干部就是只会说"好"的干部，尤其是那些还没听清楚任务是什么就说"好"的干部。所谓"轻诺寡信"，就是如此。

老板喜欢的干部大多能做到3点：第一，有意见时私下与老板协商，不会当众令老板难堪；第二，没有意见时会仔细想想能否做得更好；第三，如果确实有困难，执行过程中会积极地与老板沟通。

因此，面对老板，干部必须衡量清楚应该服从到什么程度。

服从或不服从，应该以能否把事情做好为着眼点，不应该以老板是否高兴为着眼点。

站在不服从的立场上服从，有以下3种具体的行为表现。

第一，仔细聆听老板的指示，一边听一边思考，即刻判断是否合理。

第二，如果老板的指示合理，当然要服从；如果老板的指示有问题，尽快明确问题点。

第三，老板的指示有问题时，最好不要当场提出异议，不搭腔、保持沉默即可，待时机恰当再深入沟通。

> 不搭腔、保持沉默可以传达这样的信息："我有不同的意见，不知道你要不要我讲出来？如果不要我讲，我便不讲。"

有时，老板喜欢用不认可干部的意见的方法试探干部对自己的意见有几分把握。干部有几分把握，就应该有几分坚持，绝对不能盲目坚持——刚愎自用的心态不仅令人难以容忍，还很可能害死自己。

> 合理地坚持自己的意见是"不失责"，坚持到合理的地步就不再坚持是"不越权"。

要让老板放心

老板与干部的关系，类似棒球运动中投手与捕手的关系。投球的时候，表面上是投手做主，想投哪里就投哪里，其实是捕手做主——捕手会用手势告诉投手投哪里，以便提高接到球的概率，获得更多的分数。

投手和捕手之间要有高度的默契，老板和干部之间也应如此。

● 与老板建立共识

培养默契，首先要建立共识。只有老板和干部的心往一处想、劲往一处使，企业才能高速发展。否则，各有各的心思、各有各的盘算，不可能精诚团结。

◉ 不忘等级观念

虽说现代社会人人平等，但等级观念是必不可少的。

等级观念其实是伦理观念的组成部分之一，伦理观念是允许合理的不平等的。我们说过，大多数中国人建立的人际关系本质上是人伦关系，因此，在交往的过程中，会时刻受等级观念的影响。

具体而言，大多数西方人听到一件事，会就这件事本身来评断是非，大多数中国人听到一句话，则会对"是谁说的这句话"加以考虑。

◉ 维护老板的权威

老板要管理整个企业，必须树立自己的权威，能做到不怒自威是最好的。如果下属毫不害怕老板，很多工作是难以推进的。

老板要树立自己的权威，最反感的就是干部对他进行负面评价。因此，在老板面前，干部应该谨言慎行，努力维护老板的权威，就算想忠言直谏，也要看准时机，不要用错了劝谏方法，好心办坏事，以致自身难保。

◉ 争取应有的裁决权

一方面，干部要不忘等级观念；另一方面，干部要谨记人人平等。

干部是协助老板工作的人，不是老板的奴隶，因此，并不需要事事服从。事事服从的干部，很可能在老板心中被贴上虚伪或不负责任的标签。

适时表达自己的意见，并做到适可而止，这是干部的生存之道。

作为干部,一定要掌握部分裁决权,才能更好地做好自己的分内之事。

权力是自己争取来的,不是争来的,两者截然不同。抗议老板干涉自己的工作,这是争权,争权是很难有好下场的;通过表现优异让老板放心,自然而然地获得信任与尊重,这是合理争取应有的裁决权,完全没问题。

☯ 要让基层员工舒心

干部,对老板而言是下属,对基层员工而言是上司。

作为干部,应该努力使基层员工成为自己强有力的支持者,因此,需要处理好自己与基层员工的关系。

● 做善良的"坏人"

在企业管理中,老板往往会当好人,让干部当坏人,这样既有"红脸",又有"白脸",能够双管齐下、恩威并施。

作为干部,一定要记住,自己当坏人,是为了配合老板,这里的坏是相对的坏,不可以是绝对的坏——狐假虎威只会让基层员工非常不满,达不到管理的目的。

尤其是基层干部,更应该掌握好处事的分寸。一般来说,高层干部应该凶一些,基层干部应该柔一些,因为基层干部与基层员工接触的时间较长,太凶了,不好处理工作关系。

> 作为干部,要清楚:做"坏人"不是目的,而是手段——为了优化管理,而非压迫基层员工。

干部有时是老板的"传声筒",需要帮老板说一些老板自己不方便说的"丑话"。因此,干部应该着力提高自己的沟通能力与协调能力,努力使企业上上下下的人都相处融洽。这是很不容易做到的,既需要有不偏不倚的立场,又需要掌握多方沟通的技巧。

● **获得下属的支持**

一般情况下,下属对自己的顶头上司是支持的,因为大多数中国人"不怕官,只怕管",若跟顶头上司相处不好,本事再大也很难有施展的机会。

在具有这种优势的情况下,若干部还得不到下属的支持,一定要自我反省。

如果作为干部,让下属感觉到你只是在单纯地利用他们,一点儿都不关心他们,甚至会牺牲他们来成就自己,那么,下属不仅绝对不会支持你,还可能处处与你作对。

下属越主动、积极,干部越省力;干部越奋发图强,老板越省事。在这个关系链中,干部允许下属有作为,自己才有时间、有精力在老板面前多接任务、接好任务;干部能够获得下属的支持,才有大展宏图的可能。

作为干部,要知道自己的主要任务是上下沟通,不是上下转达,否则,会沦为通信工具。上下沟通的关键在于讲让老板和下属都听得进去,且乐于接受的话。

集老板的赏识与下属的支持于一身的干部,更有可能游刃有余地开展工作。

● 善待基层员工

对基层员工来说，干部是与他们距离较近、接触较多的管理人员，因此，干部的表现会直接影响基层员工对企业的看法。

干部不仅是管理者，还是协调者、基层员工的榜样，因此，应该按照企业的规定以身作则，起到良好的带头作用。

在管理的过程中，干部最好不要试图用强迫的手段改变基层员工，而应该通过教育、劝导、说服等，让基层员工自己认识到不足，主动产生想要改变的愿望并付诸行动。

人都会受感情的影响，干部在管理基层员工时，应当根据不同员工的个性采取不同的措施，以关怀为主，巧妙地让基层员工乐于接受管理。

得到基层员工的信任与支持后，干部能够更高效地开展管理工作。

很多时候，鼓励比责骂更能起到良好的激励作用，尤其是在基层员工有进步的时候，及时地给予鼓励能让基层员工有继续上进的动力。

干部对基层员工坦诚相待，基层员工会更愿意帮助干部了解一线工作，并支持干部的各项管理工作。

想要做好管理工作，干部应该多听取基层员工的意见，并鼓励基层员工多提意见。听取基层员工的意见，一方面是尊重基层员工的表现；另一方面是集思广益的需要。广大的基层员工对工作有最切实的体会，因此，他们的意见有重要的参考价值。

基层管理工作很难做好，因为基层人多、意见多、困难多，各种抱怨也多。在礼待基层员工的基础上，有时，干部必须适时采取一些强硬的措施，先礼后兵、由情入理。

比如，对于企业中的"硬骨头""害群之马"，干部应当适时进行严惩，以求杀一儆百，在基层员工心中树立威信。

优秀的干部应该是刚柔相济的：平时对基层员工关怀备至，遇到原则问题时立场坚定，在关键时刻敢作敢当。

干部一定要记住：基层员工做得不好，很可能是你的责任，而非他的责任。

☯ 要让平级安心

在企业中，平级之间很难相处，因为不仅有可能谁都不服谁，还可能有利益之争。现代社会推崇竞争，认为有竞争才有进步，因此，平级干部要想完全避免彼此排挤是很难的。

作为干部，在抱怨别人排挤自己的时候，不妨反过来想一想：自己是不是也曾有意无意地排挤过别人呢？如果自己都免不了如此，哪里怨得了别人？

大多数中国人讲究"彼此彼此"，想要得到平级同事、平行部门的支持，必须以"平等互惠"为前提。若是处处想占便宜，时时要求别人支持却从来不支持别人，恐怕左攻右挤的局面不仅会长期持续，而且有可能越来越严重。

干部想要获得平级同事、平行部门的支持在一定程度上比想要赢得老板的赏识与下级的支持更难，因为大家同级，谁都不怕谁，是互相制衡的关系。

为了让干部能够互相支持、分工协作，老板最好充分发挥领导带头作用，提高企业整体的组织力量。

比如，老板要鼓励干部互相帮助：对于全力支持其他部门的工作的干部，老板要监督他先把自己的分内工作做好；对于全力做好分内工作的干部，老板要指导他主动支持其他部门的工作。

总之，能兼顾自己和他人的干部才是优秀的中坚干部。

老板的领导是否合理，是干部能否良好合作的决定因素之一。

老板鼓励竞争，干部之间就可能剑拔弩张；老板提倡互助，干部大多会互相支持。老板以"在和谐互助中提高业绩水平"为管理理念，企业内部才会相安、互容。

为了更好地合作，干部之间最好不要有攀比之心。

其实，大家的表现如何，身边人心里都清楚。优秀的不用趾高气扬，暂时落后的努力改善即可。

此外，干部之间谦和相处也很重要。

功劳是让出来的，责任是争出来的。一让，大家都有功劳；一争，责任就十分清楚。能让的人，才会在有功劳时不为人所忌。

> 干部都谦和地让功劳、不居功，在和谐中求进步，平级之间才相处融洽。

俗话说："当局者迷，旁观者清。"同级干部之间互帮互助常有事半功倍的效果，因为站在旁观者的角度，往往能更客观地发现其他部门存在的问题。

发现了其他部门存在的问题后，应该尽快提醒，以帮助其改进。但是，需要注意的是，在进行沟通、交流的时候，必须关注时机和技巧，以免弄巧成拙，引起部门间的矛盾。

进行部门之间的沟通、交流时，要特别关注以下几个原则。

第一，尽量不要当着老板的面指出其他部门存在的问题。

每个部门都有或多或少的问题，相关干部可能没有意识到，也可能意识到了但暂未着手解决，此时，私下提醒即可，若能附以改善建议更好。

第二，提建议时要有诚意。

没有诚意地提建议，很容易让对方感觉受到了奚落。只有先表现出诚意，再语气得当地说出自己的想法，才能消除对方内心的戒备、抗拒，提高对方接受建议的可能性。

第三，掌握沟通技巧。

相同的意思用不同的方式表达出来，效果可能完全不同，因此，适当运用一些沟通技巧，更可能获得圆满的结果。

基层员工如何处理人际关系

绝大多数人有当基层员工的经历。基层员工既是企业中最庞大的群体,又是企业发展最稳固的基石。

一个人,无论从事什么工作、地位如何,都要努力赢得别人的认可,换句话说,要努力讨人喜欢。讨人喜欢有很多方式,好的修养、谈吐都是加分项。注意,绝不能为了讨人喜欢而故意讨好他人,否则很容易成为没有对错观念、不分是非的"烂好人",生怕得罪他人,却更容易得罪他人。

做人一定要有原则。

一个人没有原则,就会像"墙头草"一样,摇摆不定,被人瞧不起。

但是,过于有原则、过于黑白分明很容易得罪人,因为实际生活中，有很多行为、很多事情是处于灰色地带的。因此，想要讨人喜欢，需要在坚持原则的基础上努力地做到行事圆通。

> 既坚持原则，又行事圆通，很难做到，但值得我们追求。

成为受欢迎的基层员工

受欢迎的基层员工，一般有以下 3 个特点。

特点一：积极、主动地承担工作，关心企业的发展，看到不妥当的地方常认真地提出自己的思考和建议。

虽然有时作为基层员工提出的建议不会被采纳，但不要气馁，只要积极参与、主动发言、表现良好的工作态度，总会不断进阶。

特点二：配合企业的需求，不断地通过学习、培训充实自己，及时检讨各项工作的得失并总结经验，力求把宝贵的经验变成进阶的基石。

特点三：乐于与同事分享、交流，追求团队的共同进步。

优秀的基层员工会尽心尽力地做好本职工作，并替干部与老板分忧解劳，是企业发展不可或缺的强大力量。

● 努力提高归属感

想成为受欢迎的基层员工，要将企业的目标当成自己的目标，提高归属感。

如今，对企业有归属感的基层员工并不太多。基层员工比较常见的状态是对企业没有归属感，只有依附感，即临时投靠，如果形势发生变化，随时可以离职。基层员工的这种状态，对企业、对基层员工本人都是不利的，因为企业就像一艘船，基层员工愿意和企业同舟共济、共同进退，这艘船才能破浪前行，行驶得又稳又快。

> "在其位，却不谋其政"的做法，既是浪费自己的时间与精力的做法，又是对社会、企业、身边人不负责任的做法。

作为基层员工，应该慎重选择合适的企业作为自己的发展平台，切忌抱着"先随便找一份工作试试看，不行再跳槽"的想法找工作。因为一旦你选定一家企业，你的利益就和该企业的利益紧密联系在了一起：企业获利高，你能得到更多的回报；企业破产了，你就会失业。

◉ 做好自己的分内之事

作为基层员工，最重要的工作态度是"实实在在"，即一切按照工作规范行事。

遇到问题，经验有限的基层员工应该客观衡量一下自己的能力，能做好就当仁不让地承担责任，做不好就及时说出来，以便大家商量着解决问题，千万不可碍于面子，延误解决问题的时机。

> 做好自己的分内之事才有不断发展、进阶的可能，因此，基层员工不仅要有实干精神，还要确有工作成效，而非卖死命、出死力。

只有用心，才能把事情做好，不然就会像一些假和尚，手里在敲木鱼，嘴里在念经，心却不知道跑到哪里去了。

专心致志、全力以赴很难，仅做到了尽力而为的人是绝大多数。因此，只要基层员工能做到用心工作，就很有可能成为优秀的、有前途的干部。

● 遵守企业的规定

作为基层员工，切忌话太多、强出头。

建议基层员工安静一些、听话一些，并不是要求基层员工逆来顺受。有意见，当然可以反映，但只有你足够了解所处的环境，且自身的能力被认可的时候，你提出的意见才有可能被接受。如果初来乍到或能力有限时急着提意见，别人不仅很难接受，还会对你的品性产生怀疑。

> 提意见，应该有合理的方式和态度。正所谓"有理走遍天下"，理直便可以气壮。

针对企业的各项规定，每个人都有自己的看法，有的人赞成，有的人反对。

大家可以保留自己的意见，但不能勉强他人赞同自己的意见，更不能因为某人和自己的意见不同就对其心怀怨恨，否则，很可能不断引起同事间的纠纷。

● 要有感恩之心

前文提到，老板很难做到完全公平，只能尽量做到公正，因此，作为基层员工，感觉到不公平的时候，最好不要斤斤计较。

学会大度，学会感恩，才能过得快乐。

比如，被上司安排做分外的工作时，不要愤愤不平，可以想一想多做些工作、多学习对自己是有利的，自己应该感谢上司给予的表现机会。这样，才能够快乐地工作。

一天到晚抱着"给多少钱做多少事"的小气念头，哪有光明的未来？

遇到不顺心的事情时，基层员工要学会自我激励。

过于依赖他人给予激励，等于心甘情愿地接受他人的摆布、影响。学会自己激励自己，才能拥有最大程度的自由和自主。

时常给自己一些掌声、一些激励，是很容易做到的事。

只要有感恩之心、学会自己激励自己，再大的坎也能轻松跨过。

是否有感恩之心、能否合理地自己激励自己，是由自己决定的。

我们都明白"自作自受"的道理，其实，这个词不是只能用在负面情境中。比如，培养自己的感恩之心，心存感恩是

"自作"，心情愉快便是"自受"。

想通这一点，遇到任何事都不计较公平与否，对自己来说是有利无害的。

有感恩之心，既可以产生喜气，又可以引来喜气。

☯ 学会如何应对上司

在企业中，老板一般不会直接管理基层员工，多数指示是通过干部传达的，而基层员工的表现如何，也基本上是通过干部反映到老板耳中的。因此，每个基层员工都应该处理好自己与自己的顶头上司的关系。

建议基层员工处理好自己与自己的顶头上司的关系，并不是建议基层员工溜须拍马、曲意逢迎，因为这既是不正当的行为，又是无法持续获得良好结果的行为。每个基层员工都应该成为自己的顶头上司的得力助手，全心全意地执行上司的正当指示。唯有如此，才能踏踏实实地持续进步。

在接受、执行上司指示的过程中，基层员工需要格外关注的是上司是有可能给出不正当指示的。

干部是老板与基层员工之间的联结点，老板给出的指示是否正当、干部在传达的过程中有没有对老板的指示进行擅自变更或故意曲解，这都需要基层员工细心求证。

很多人的判断标准是看"谁说的"。同样一句话，也许由甲说出来，大家会相信；由乙说出来，大家会心存疑虑。为什么呢？因为甲平日说话十分可靠，大家比较相信他；乙则经常乱开玩笑，说话缺乏真凭实据，大家信不过。

作为基层员工，既不能盲目地听从上司的指示，又不能全面质疑上司的指示的正确性，其中的分寸，需要用心把握。

合理化管理，不应该要求基层员工绝对顺从，而应该允许基层员工站在不顺从的立场上顺从。对于不合理的指示，基层员工不应该当面顶撞，也不应该盲目顺从，而应该用不理会、不热心的态度回应。

人既不应该全盘否定他人，又不应该盲目轻信他人。凭借对方是否真诚地对待我们来明辨对方是否可信，是合乎人性的。

信用是一点一滴累积而成的，切忌单凭某个行为判定一个人的信用度。

◉ 要与同事和平相处

基层员工之间互帮互助、和谐相处，企业才不会存在从基层开始分裂的风险。

● 多分享

作为基层员工，不要过于计较得失，这对企业和个人而言都是有利的。

只要有时间、有精力，一个人多做事是不会错的，因为多做事对应的是多获得经验，经一事，长一智，受益最大的是自己。

不过，多做事的先决条件是把自己的分内之事做好，否则，很可能抓小放大、弄巧成拙。

为什么建议同事之间多分享呢？因为独乐乐不如众乐乐，自己快乐而身边人不快乐，不快乐的情绪是会反过来影响自己的。

分享是高尚的品德、良好的修养、快乐的源泉，能够拉近人们之间的距离，推动大家互相帮助、共同进步。一个不懂得分享的人，生活中是没有真正的乐趣可言的。

分享，可以激励他人；独吞，后果相当可怕——很可能导致自己越来越孤立无援。

不管是获得了精神上的快乐，还是获得了物质上的奖励，最好都能够抱着分享的心情，一方面感谢大家过往的支持，另一方面为自己存储日后的援助力量。

◉ 少争斗

争斗很容易导致企业四分五裂——若员工之间相互牵制的程度超出了合理的范围，结果很可能是谁都无法进步。

如今，不少企业采用考核的形式鼓励狼性竞争，比如针对所有员工，每隔一段时间进行一次评比。这样做虽然对员工有激励作用，但是很可能造成部门之间、员工之间争斗不止，一旦控制不好，是弊多利少的。

大家互帮互助、和谐相处，才能充分发挥团队的力量，让业绩好起来。

一个企业中，如果老板喜欢员工钩心斗角，那么，这个企业迟早要垮。

作为基层员工，要懂得兼爱，既不偏向某人，又不戴着有色眼镜歧视某人，因为大家是同事，都是所在企业的一员，没有高低贵贱之分，只有分工不同。

第六章 如何处理外部工作关系

人是群居动物,或好或坏的公共关系由此产生。

良好的人际关系有助于推动事业的进步,因此,人类很早就知道做好宣传工作和公关工作的重要性。可惜的是,优化公共关系一度被曲解为讨好、蒙骗公众的手段,近些年才逐渐得以正名。如今,在绝大多数人眼中,优化公共关系是帮助公众建立信心、增进公众对相关主体的了解的正向行为。

我们常说的"企业形象"其实是公共关系的外在表现。企业要想获得公众的信任与好感,拥有正面的企业形象,必须重视对公共关系的优化。

老板的个人公关

处理公共关系离不开宣传，与媒体建立良好的合作关系是所有企业的老板都应该重视的工作。

要想让媒体经常捧场，一方面需要企业确实有实力，另一方面需要企业的老板在公众心中有良好的印象。

☯ 注意自身的形象

老板必须意识到自己是企业的代表，需要时刻谨言慎行，以建立良好的公共关系。

公众对某企业的印象，多是通过对该企业老板的了解形成的，因为出于工作需要，企业老板抛头露面的机会非常多，其表现直接影响公众对其代表的企业的判断。

老板的职责，既包括重视公共关系、聘任合适的公共关系专职处理人员，又包括在品德修养和待人处事上以身作则，用实际言行帮助企业建立良好的内部、外部关系。

具体而言，作为老板，至少应做好以下 3 点。

第一，不要随便曝光。

老板的曝光率太高，无论从哪个角度衡量，都是不利的。遇到需要老板亲自出面处理的事情，老板曝光在公众面前当然是必要的，但是最好降低计划外曝光的频率。换句话说，老板每一次曝光在公众面前，最好都是周详计划、认真思考过的，以求获得良好的效果。

第二，合理利用私人书信／邮件。

私人书信／邮件是极佳的处理公共关系的媒介之一，可以让收信者产生比收到其他形式的文件更深刻的印象。私人书信／邮件最好能够产生鼓舞收信者的作用，除了语气要诚恳，还应该注意，用肯定的语气代替否定的语气效果更佳。

第三，寻找适当的机会发表演说。

演说不必完全围绕企业的业务，有时候，说一些与业务无关但有意义、有价值的话，更能获得良好的效果。

构建互惠的关系网络

经商最要紧的是构建互惠的关系网络，无论是筹募资金、购买原料、寻觅货源，还是进行广告促销，都离不开关系网络。

作为老板，平日应该广结善缘，尽量扩大自己的社交圈——既要维护好熟人之间的关系，又要多结识陌生人。

> **企业的很多业务是老板带头开展的。**

建立关系网络，互惠互利非常重要。如果只是对自己有利，很难达成长期的合作协议。时常给对方一些好处，自然能拉近彼此的距离，稳固合作关系。

很多现代人喜欢说"敬请合作"，听起来非常平等。不过，聪明人知道，一旦追求平等，就得不到特别的照顾。因此，寻求合作时不妨放低姿态，说"请帮忙"比说"敬请合作"诚恳得多。

有人问，互惠互利和互相利用的差别在哪里？确实，这两者的差别相当模糊，不容易说清楚。我们高兴时，说得动听一些，就是互惠互利；情绪不好，甚至发脾气时，说得难听一些，就成了互相利用。

> **是互惠互利还是互相利用，双方的态度很重要，越真诚，越倾向于互惠互利。**

人与人之间的关系就是这么玄妙。同样是一面之缘，所结的缘有深有浅。

有互惠互利的缘，就有互相利用的缘，其中滋味，只能说是"如人饮水，冷暖自知"。

在人的一生中，找到几个志同道合的朋友，大家互惠互利，便算是奠定了良好的成功基础。

☯ 凡事以义气为重

与合作的企业、职业经理人相处，分中有合，合中有分，既有高度的自主性、灵活性，又有高度的配合性，这是老板努力的终极目标。

要想实现这个终极目标，作为老板，要努力构建一个重义气的中国式人际关系网络。

中国人普遍重视义气，因为我们自古以来有侠义之风：路见不平，拔刀相助。以前的商帮在这方面做得很好——经常联系，不断地加深了解、增强信任，一个人遇到了困难，不需要开口，就有人主动伸出援手，借钱不写借据都没有关系。这样处事，哪有不成功的道理？

因此，老板应该多投入时间、精力与合作的企业、职业经理人进行沟通、交流，建立不重形式的信任，以便关键时刻能够获得及时的帮助和支持。

在如今这个瞬息万变的时代，讲义气在一定程度上是老板参与市场竞争的优势所在。

企业的分工合作

在当今社会，单打独斗的企业很难有大的成绩，只有合群、打组织战，才有希望创大业、成伟绩。

历史上有很多合纵联横的实例，相关技巧非常值得现代人学习。将合纵联横的技巧用在现代管理中，最重要的是不要安排某个人全权负责某件繁复的大事。

一件事情由一个人负责到底，风险太大；对事情进行分解，让不同的人去做，你有你的强项，我有我的强项，大家各有所长、分工合作，不是很好吗？

☯ 合并不如合作

有人曾经大力主张将中小企业合并为大型企业，以提高竞争力。然而，事实证明，面对快速变化的环境，企业的规模越大，应变能力越差，其弹性远不如中小企业。

中小企业有中小企业的好处，正所谓"船小好掉头"，各种规模的企业按比例存在、发展，市场才会均衡、协调。

现代企业之间的关系如同我国春秋战国时期国与国之间的关系，大企业相当于大国，小企业相当于小国。大国和小国既可能因利益一致而结盟，又可能因利益冲突而打仗，就如现在的大中小企业既可能合作发展，又可能陷入竞争。

若实力雄厚的大企业真要斗得你死我活，势必两败俱伤。因此，大企业的管理者应该看开点儿，有几个可以互相学习、借鉴的竞争对手未尝不是好事。大家既竞争，又合作，才能更好地共同发展。

有时候，没有了竞争对手，就没有了努力的方向和动力。从这个角度说，竞争对手是我们的老师，我们应该善于向竞争对手学习。

现在，很多大企业的管理者看清了这一点，在尝试强强联合，即与自己看好的大企业进行合并，一同成为实力更强悍的巨型企业。这一举动有弊有利，如果大企业合并后因制度、文化有差异而产生种种难以克服的问题，反而不美。

有时，合并不如合作，结为秦晋之好更有利于部分大企业的发展。

不管是以前还是现在，有些大国总是妄图欺凌、吞并小国，不给小国生存、发展的空间，比如历史上的纳粹德国。

目前，有些大企业会不断地收购小企业，以壮大自己的生产线，殊不知这一举动并不一定适合所有大企业。有时，专注于自己的重点产品，不要大小通吃，更有利于大企业的发展。

> **产品线越多，风险越大，如同人长得过高、过胖，动作就会不灵活。**

在一个行业内，依靠某一个大企业将行业链条中上游、中游、下游的事情全部安排妥当是不太现实的。这样的设想不仅会对资源整合能力和管理能力提出非常高的要求，还极易导致顾此失彼的情况的出现。

因此，我们要善于以大带小、分中有合，即表面是分，本质是合。

大企业带着中小企业一起发展，有钱大家赚，这才是合理的做法。大家分工合作，共担风险，每个人都专心地做好自己分内的事，发展的效率往往会更高。

☯ 分工是为了合作

不可否认，分工容易产生支离破碎的感觉，甚至生出浓厚的本位主义思想，影响合作的效果。但这不是不分工、不合作的理由。

我们必须树立正确的观念，既分工，又合作。

> **无法获得事半功倍的合作效果，分工就失去了意义与价值。**

多个企业达成合作意向之后，必须选定一个核心企业。一个企业联盟能不能发展好，核心企业至少发挥着70%的作用。联盟成员应该向核心企业看齐，但绝不能过分地追求一致，保持大同小异的状态是最佳的。

核心企业刚开始管理自己的联盟成员时，要努力做到一视同仁，与此同时，要兼顾对每个联盟成员的观察、考验，在一视同仁的基础上有的放矢地"差别对待"。比如，对于表现好的联盟成员，可以适机给予一定的优惠政策；对于表现不好的联盟成员，要督促其改进；对于有异心的联盟成员，要多加防范。

企业联盟属于企业外部团队，其成员有着不同的利益出发点，很容易合则留，不合则去。因此，在观察、考验这些联盟成员时，应多加小心，以免引起不必要的麻烦。

总之，与企业外部团队建立密切的合作关系时，要把握好度，既强调"众生平等"，又合理地做到"亲疏有别"。

☯ 委曲才能求全

每个企业都有其局限性，必须同心协力、通力合作，才能真正地做到"求全"。

若有心求全，需要先做好"委曲"的准备。

企业联盟中的合作对象，就算理念相近，也各有各的立场、各有各的苦衷，难免会出现不协调、不配合的现象，若没有委曲求全的心态，很难长久合作。

> 都学会退让、学会站在对方的立场上思考，凡事将心比心、设身处地地好好商量，才能实现长久合作。

作为企业联盟的核心企业，必须学会用智慧、爱心和耐心来开导、协助其外部团队的成员，使它们心甘情愿地承担有能力承担且适合承担的责任。

这不是容易完成的任务。想做到这一点，要先对现有的、将有的，以及计划扩展的工作进行分门别类的整理，再做好通盘分配，以求所有工作顺利、高效地推进。

核心企业要用"以大事小"的态度面对企业联盟中的合作对象，企业联盟中的中小企业要用"以小敬大"的态度面对核心企业，各自委曲，才能求全。

> 善于以让代争，为实现共同的目标做好机动调整，自然能够获得整体的和谐。

人与人之间如此，企业与企业之间也如此。

安顾客是为了生存

对企业来说,顾客既是衣食父母,又是自己生存、发展不可或缺的支持者。企业的绝大部分收入直接或间接地来自顾客,没有顾客,企业只能节衣缩食,甚至宣布倒闭。

因此,企业经营的首要任务是安顾客。

有个词为"顾客如云",用于形容顾客像云一样飘来飘去——说来就来,说走就走,说不买就不买,说翻脸就翻脸,非常难以捉摸。稍有不慎,即使是多年来非常稳定的老顾客也会突然"变心"。

做到了安顾客,企业才能长久生存。

☯ 了解顾客的需要

要想做到安顾客,必须及时了解并满足顾客的需要。一般来说,顾客需要的是货真价实、供应不断、服务态度友善、产品更新及时。

◉ 货真价实

很多人非常害怕吃亏、上当,一旦发现自己吃亏了、上当了,就会持续怀疑让自己吃亏、上当的企业货不真、价不实,拒绝再次给予信任。因此,现代企业非常重视危机管理,面对危机,通常会迅速澄清事实,消除顾客的疑虑。否则,再大的企业也难逃倒闭的结局。

◉ 供应不断

为什么顾客需要供应不断呢?因为很多人有念旧的习惯,用惯了一种产品后,不会轻易更换。一旦用惯了的产品突然断货或停产,很多忠实顾客会心生不满。因此,并不是所有产品都适合时常求新、求变,需要具体问题具体分析。

◉ 服务态度友善

如果企业的服务态度不友善,岂不是让顾客花钱买罪受?在很多企业中,"客户至上"只是一句口号,并没有被付诸实践,甚至部分服务人员会在心情不好时嫌顾客烦,认为"你们不来才好呢,我乐得清闲"。为什么会有服务态度极差的服务人员?大概率是因为他们没有认清企业与顾客的关系,以为自己的工资是老板给的,没想到自己的工资取之于顾客。

◉ 产品更新及时

"产品更新及时"与"(旧产品)供应不断"并不冲突,因为只有同时做到保质保量地生产久经市场认可的旧产品和颇具创意地推出适应市场发展变化的新产品,才能持续获得顾客的认可。及时更新产品,是具体问题具体分析的另一个表现。

☯ 处理好和顾客的关系

想让一个顾客不杀价,其实很简单——只要你和他建立熟络的关系,他就不好意思杀价了。部分企业经常"杀熟客",就是这个道理。

想处理好和顾客的关系,需要让顾客感受到企业的真诚与热情。有的企业在这方面做得比较好,比如,及时汇总顾客的资料,整理成详细的档案,以便根据档案对每位顾客进行无微不至的服务。

和顾客打交道必须真诚,不能只想着让顾客掏腰包。如果作为服务人员,只盯着顾客的钱包,其他的事(比如顾客的情绪、需求)什么都不管,大多是做不成生意的。

有顾客是企业的荣幸,企业必须心存感激。

尊重顾客是基本的待客之道。

作为服务人员,一定要在顾客想走的时候笑脸相送,即使顾客没有消费,因为买卖不成仁义在。千万不要惹顾客生气,因为没有人知道这些顾客什么时候会再次光顾。

如果服务人员态度极佳地说:"随便看看吧,买不买不要紧。"很多顾客反而会不好意思,会多少买一点儿东西。

处理好和顾客的关系,顾客就会变得很可爱。

☯ 保持定期接触

在寻找新顾客的同时,不要忽视老顾客,因为发展一位新顾客的投入是巩固一位老顾客的 5 倍！

IBM（全称 International Business Machines Corporation，国际商业机器公司）的营销经理罗杰斯谈起自己的成功时说："大多数公司的营销经理想的是如何发展新客户，我们的成功之处则在于能留住老客户。为满足回头客，我们 IBM 赴汤蹈火在所不辞。"

想留住老顾客，需要时不时地通过电话、书信等问候他们，让他们感觉到被惦记、被关心，这样，他们才会时常想起我们，对我们产生好感。

获得顾客的好感，让他们不自觉地帮助我们向自己的亲戚、朋友介绍或宣传我们的产品，这是企业提高销售业绩的最强助力。在营销领域，有一个非常著名的法则名为"300 法则"，主要内容为"看见一位顾客，要想到他背后有着 300 位潜在顾客，真是得罪不起"。

如果某企业能做到将所有顾客都变成自己的推销员，该企业的销售队伍会在无形中变得非常庞大，其产品更容易获得优秀的口碑。

如果某企业没有老顾客，此事的负面影响是难以估量的——不仅销售量会不断下降，而且很多人会认为买过该企业的产品的人都不回购，该企业的产品一定有问题，且该企业不值得信赖。口碑崩了，企业势必难有良好的发展。

安社会是为了发展

企业是社会的组成部分之一,有责任为社会的发展与进步作贡献。如今有"企业公民"这一说法,意思是企业应该把自身的成功与社会的发展、进步密切联系起来,全面考虑自己对所有利益相关人的影响。

大众对企业的印象如何,直接影响着企业的发展前景。

举个正面的例子。海尔集团的创始人张瑞敏曾当众砸毁不合格的冰箱,意在告诉大众:海尔的产品能够确保质量过关,质量不过关的产品,宁可砸毁也不卖!

与之相反,有的企业只关注自身利益,随意排放废弃物料,造成环境污染,使大众的反感情绪高涨。

善尽社会责任的企业才能获得长久、稳定的发展。

☯ 善尽责任，塑造良好形象

过去，有的企业只顾赚钱，坑、蒙、拐、骗之事无所不为，既不考虑社会影响，又不考虑环境影响。"无商不奸"就是用于形容这样的恶劣企业的。

> "无商不奸"的恶劣形象是企业长久、稳定发展的致命伤。

奉献是一种美德。企业要想塑造良好的形象，必须学会奉献，比如，修缮社区的道路、协助建设城市。企业在一个城市中赚到了钱，理应拿出一部分利润用于回馈这个城市；这个城市的经济发展得更快，会进一步助力该企业的发展。

☯ 为社会提供就业机会

作为企业的老板，既有责任照顾自己的员工，又有责任回馈社会。企业赚取利润后，一方面，必须坚定地以"为国家创造财富"为原则，善尽责任；另一方面，必须努力地为社会提供就业机会，助力人民的安居乐业。

> 人民安居乐业，国家才可能富强。

失业率较高的社会，无业游民较多，很难安定。因此，作为企业的老板，有责任为社会提供就业机会，降低失业率。人民安居乐业、国家富强，企业才会随之有更好的发展。

☯ 在社区营造良好的风气

企业的风气会直接影响所属社区的居民,如果企业经常发生劳资纠纷,可能导致整个社区都不得安宁,不是好现象。

企业的氛围优劣,老板是第一责任人。企业的管理良好,员工便会养成好习惯。员工回家带动自己的家人一同养成好习惯后,整个社区的风气会越来越好。

因此,企业不仅应该是学习型企业,还应该是教育型企业。

换句话说,企业不仅应该关注产品的质量,还应该关注良好风气的营造,不断提高自己的影响力。

在社区营造良好的风气,是企业回馈社会的方式之一。

21世纪,企业的发展目标之一是成为受大众欢迎的好企业。

经营目标正确、经营业务正当、产品经得起检验、管理效果良好,这样的企业,才是受大众欢迎的好企业。

第七章 家庭关系是终身学习的必修课

俗话说:"家和万事兴。"

所谓"和",必须建立在合理的基础上,才不致被异化为令人厌恶、害怕的和稀泥行为。

重视家庭

如今,很多年轻人对立业有极大的热情,但对成家不太感兴趣,为什么呢?很可能是因为小时候没有感受到家庭的温暖。

只立业,不成家,人生的两件大事便只完成了一半,有一半是落空的。

我们常说要修身、齐家、治国、平天下,其中没有"成家"和"立业",难道成家和立业不重要?其实,成家和立业是过程,不是目的,修身、齐家、治国、平天下才是目的。如果我们无法在工作中做到修身,我们做的工作是难有意义和价值的,而成家并把小家庭管理好,是可以浅浅体会到治理国家的乐趣的。

☯ 成家是生命的传承

大多数中国人有强烈的家庭观念，家人团结友爱、互相帮助，这种亲密的关系甚至能够跨越生死：有些现世的人依赖祖先的功德立足于社会；有些过世的人则凭借在世子孙的成绩扬名。

几乎所有人都在追求永生——人的生命是有限的，谁都不愿意在活了短短几十年后就被人们淡忘，总想留下一些东西。为什么中国人普遍重视子孙？因为很多中国人认为，只要能活在在世的人心中，就是一种永生——只要被记得，虽死犹生。

古时，帝王会设立太庙，大家族会修建祠堂，普通百姓几乎家家供奉祖宗的牌位，这都说明过世的祖先会继续活在子孙心中。

一个人要想活在别人心中，有3条路，分别介绍如下。

第一条路叫"立功"。

历史上，很多民族英雄是靠立功让后代子孙永远记得他们的。

不过，立功要等机会，没有机会，英雄无用武之地。有句话叫"冯唐易老，李广难封"，说的就是机会不一定在你的有生之年到来，若真如此，便是生不逢时。

第二条路叫"立言"。

立功要等机会，相对来说，立言的自主性更大。很多人喜欢著书立说，就是想通过立言名垂千古。

不过，立言更难。正所谓"文章千古事"，不是容易成就的。有些不值得看的文章，只是变成废纸、浪费资源还算是好的，流传下来害人会更糟糕，因为错误思想给人造成的恶劣影响是很大的。

第三条路叫"立德"。

立功要等机会，立言需要慎重，那么，立德呢？

我们提倡修身养性，因为每个人都有机会立德。不过，立德是要努力一生一世的，过程中稍有差错就会前功尽弃。人是会变的，只有盖棺时才能论定，因此有个成语叫"盖棺论定"。

有能力的，可以立功；有学问的，可以立言；有德行的，可以立德。

三者都没有怎么办？最简单的办法是生育，因为子女会永远记得父母。很多中国父母非常在乎子女心中有没有自己，因为如果连子女心中都没有自己，自己很难"永生"。

很多中国人以"光宗耀祖"为努力目标，其底层逻辑是"成功是一家人的荣耀"。比如，当了官，第一件事是衣锦还乡。再如，发了财，第一件事是修葺祖屋。

在这样的传统思想的影响下，成家势必会持续作为传承方式之一存在。

家人是幸福生活的保障

家是我们疲惫时可以放松身心的地方，不是钩心斗角的地方。家，不需要富丽堂皇，但一定要温馨、舒适。在社会上，可能会有很多利害关系，在家里，不应该有任何利害关系。

维护家的温馨、舒适，需要家庭成员共同努力。我们的一切都与家人息息相关，因为我们自幼受家人的潜移默化的影响，这种影响往往会作用一辈子。

> 在中国，绝大部分人特别重视个人对家庭的责任，希望能与家人一起实现理想、抱负，而不是为了实现个人的理想、抱负而忽视，甚至伤害家庭。

如果一个人连自己的家人都伤害，别人怎么敢亲近他？

尊重家人，其实是尊重自己的具体表现。一个人若连家人都不尊重，很难尊重更多的身边人。

在家庭生活中，有过错要检讨。注意，检讨的目的是补救，而非责罚。

各自承认错误，真相更容易水落石出；纷纷争功诿过，很可能伤害彼此的感情。

比如，家庭教育出了问题，父母应率先承认自己的疏失，以便子女有更大的勇气坦然承认自己的错误。作为父母，千万不要把责任全部推给子女，以致子女逃避、叛逆，甚至离家出走。

作为一家人，和谐相处、相亲相爱，是"大是"；明争暗斗、互相伤害，是"大非"。大是大非之下，可能会有很多小是小非，千万不要为了小是小非争执不休，否则得不偿失。

对待小是小非，要尽心尽力地去化解。比如，作为家长，必须公正，不可偏心，这样才能得到家庭成员的信任，将大事化小、小事化了。

人难免犯错误，只要不是违法的事，在家庭情境中，我们最好不要揪住不放。家是讲情的地方，家人犯了错，我们可以用亲情感化他，让他因不好意思而主动改变，这是家庭的独特力量。

作为家人，应该有彼此成全的意识。家庭成员众多，分工协作会更加和谐、事半功倍。

☯ 子女是成家、立业的动力

成家、立业，是人生的两件大事。

成家包括结婚和生育子女，立业指必须努力使全家人的生活有保障。

子女是什么？子女是成家、立业的动力，是父母的亲生骨肉，是家庭的生力军。有了子女，家才更温暖，父母才后继有人。极少有人能在有生之年把自己想做的事情做完，有子女，就有希望，因为子女能够继承我们的遗志。

生育子女，需要认真维系良好的亲子关系。

维系良好的亲子关系，应该从慎选配偶、健全婚姻关系开始——男女双方都要能够为子女着想，同步教育理念。

很多人力陈"父母不好当"，很少有人高呼"子女不好做"。有人说两代人之间有代沟，彼此不容易沟通，其实，有没有代沟，完全看父母怎么想、怎么做。作为父母，把代沟看作可以被排除的障碍，设法加以排除，才是正确的态度。

作为父母，多和子女谈心，保持密切的关系，充分了解子女的想法，一家人自然能够良好沟通，不受代沟的影响。若作为父母，经常借口工作忙碌或子女不懂事，不和子女沟通，产生隔阂是在所难免的。

亲子关系的最佳表现是全家人能够同心协力地互相支持，不起邪念、不走歪路，在爱国家、爱民族的前提下共同奋斗，以富家促进富国。

人生的大事是成家、立业；成家、立业的大事是生儿育女、稳定家庭；生儿育女、稳定家庭的大事是努力让亲子关系正常化、合理化。

什么是正常化、合理化的亲子关系？中国式亲子关系、中国式家庭大多有如下2个特点。

第一，三代同堂很常见。一家人不应该彼此生疏，常常联系关系才会密切、良好。

第二，父母会为子女提供一辈子的支持，让子女有勇气做自己想做的事。在中国的很多家庭中，父母时常鼓励子女不畏强权，常说"大不了咱回家，家中随时可以加一双筷子"。不过，这一方面可以让子女无后顾之忧地在外打拼；另一方面可能让子女有"天塌下来有父母去顶"的依赖心态，偷懒、怕吃苦，其中分寸，需要认真把握。

一个家庭的亲子关系是怎样的，取决于这家人有着怎样的观念。换句话说，家庭的结构、形式、氛围等，都是观念的产物。

如何教养子女？要在子女幼小的心灵中注入怎样的观念？

这不仅会影响子女的一生，还会对父母造成反作用、反影响。

> **中国社会是以家庭为单位的，所有人的言行都代表着他的家庭。**

很多人批评中国人的家庭包袱太沉重，没有办法发展自我，其实不然，大多数中国人是在家庭中发展自我的。大多数中国人能在成长、发展过程中得到家人的支援，因此，他获得成就后，一定会跟家人分享。

中国人大多能够很好地兼顾家庭与自我，这是我们不同于很多西方人的特点。

夫妻和谐

君臣、父子、夫妇、兄弟、朋友五伦中,夫妇是基础,若夫妇关系出了问题,其他关系均会被影响。

夫妇相处得好,立业、治国才能够合理、高效。

对于夫妻关系,我们强调的是"和谐"。"相敬如宾""举案齐眉"等词,形容的都是良好的夫妻关系。

☯ 夫妻关系是家庭关系的基础

人与人之间的关系是亲疏有别的。最亲的关系是什么关系?不是很多人下意识想到的父子关系,而是夫妻关系。

确立夫妻关系,自古被称为"定乾坤"。很多中国人认为

"家为国之本",即如果家庭不安定,国家的安定将直面很大的挑战。

和谐的夫妻关系是国家安定、发展的根本。

我一直认为,爱情是没有条件的,但婚姻是有条件的。正所谓"门当户对",男女双方有能够匹配的条件,才可以结婚。

在家庭中,绝大多数人有血缘关系,比如,父子、父女、母子、母女、兄弟,只有夫妻没有血缘关系。而且,法律明文规定夫妻不能有血缘关系。

来自不同的家庭、有不同的背景、完全没有血缘关系的两个人可以踏实地同床共眠,这是夫妻关系神圣的原因。

结婚是人生的大事,不可以等闲视之。如果太轻率地面对此事,很容易导致家里鸡犬不宁。

为什么我们会把父子关系放在夫妻关系的后面?

所谓"父子关系",概指父母与子女的关系。

夫妻之间的感情是爱情,父子之间的感情是亲情,亲情与爱情是不同的。

夫妻关系是家庭安定、和谐的基础,因为处理不好夫妻关系,最倒霉的是子女——夫妻吵架经常连累子女,使子女处于不安定的状态。人在不安定的时候最痛苦,因为人一生所求不过心安。夫妻关系和谐,子女才会安定,父子关系才有处理好的保障。

☯ 夫妻和睦是教养子女的良方

父母教养子女的方法，看起来五花八门，实际上可以总结为一句话："男女居室，人之大伦也。"大意是男女成家、顾家是做人的大道。

夫妻和睦相处，教养的子女才身心健康、家庭生活才温暖幸福。

夫妻和睦是教养子女的良方，这说起来简单，做起来很难。

想要和睦相处，夫妻至少应做到相敬如宾、意见统一、分工合作。

◉ 相敬如宾

孟子说："爱而不敬，兽畜之也。"大意是相爱的夫妻如果不能彼此敬重、相互看得起，简直和对待动物没什么区别。

夫妇相敬如宾，才会谨慎地约束自己。

不约束自己，反而对对方有诸多要求，是不敬重对方的表现。

《韩诗外传》中的典故《孟子欲休妻》很能说明这个问题。

孟子妻独居,踞,孟子入户视之,谓其母曰:"妇无礼,请去之。"

母曰:"何也?"

曰:"踞。"

其母曰:"何知之?"

孟子曰:"我亲见之。"

母曰:"乃汝无礼也,非妇无礼。《礼》不云乎?'将入门,问孰存。将上堂,声必扬。将入户,视必下。'不掩人不备也。今汝往燕私之处,入户不有声,令人踞而视之,是汝之无礼也,非妇无礼也。"

于是孟子自责,不敢言妇归。

翻译成现代汉语,大意如下。

孟子的妻子独自一人在屋里,伸开双腿坐着。孟子进屋时看见这个样子的妻子,转身去对母亲说:"我的妻子不讲礼仪,请允许我休了她。"

孟母说:"为什么?"

(孟子)说:"她伸开双腿坐着。"

孟母说:"你是怎么知道的?"

孟子说:"我亲眼看见的。"

孟母说:"这是你没礼貌,不是她没礼貌。《礼记》不是说了吗?'将要进大门的时候,先问有谁在室内;将要进厅堂的时候,先高声传扬(让里面的人有所准备);将要进屋的时候,眼睛必须向下看。'为的是不让人没有准备。现在你进入妻子闲居、休息的地方，进屋时没有声响，才看到了她伸开双腿坐着的样子，这是你没礼貌，并非她没礼貌！"

孟子闻言认识到自己错了，不敢再提休妻之事。

在中国古代，很多人不是很尊重、敬重妇女，就连孟子也有不妥的行为，幸好孟母比较开明，使孟子免于犯错。

一般来说，夫妻天天生活在一起，很容易放松对自己的约束，相处久了，不敬是常见的情况。因此，夫妻必须有意识地时时约束自己，不要轻易惹对方生气，否则，对子女而言是一种不良的示范。

◉ 意见统一

在教育子女的问题上，夫妻难免有分歧。意见不统一时，夫妻要努力沟通，凡事好好商量，甚至扩大沟通的范围，让子女适度参与。

亲子相聚，不断地通过沟通加深对彼此的了解，才能建立良好的亲子关系。

文化刺激是父母用于规范子女行为的方式之一，"孝顺值得称赞""诚实是美德""整齐、自然最美"等正确理念，父母最好能够尽早灌输给子女，适时帮助子女树立正确的价值观。

◉ 分工合作

作为夫妻，应该互相配合、互相扶持，扮演好不同的角色。

对子女来说，父母是有很大差别的，一严一慈，合理配合才能获得较好的教育效果。

> 在教育子女的过程中，父母要分工协作，而非各自为政。如果不能良好协作，分工是没有意义和价值的。

俗话说："男主外，女主内。"其实没有重男轻女的意思，男女分工不同而已。

有些事情应该男主外，女主内；有些事情则应该女主外，男主内。

所谓内、外，不必硬性规定为"家庭以外的事（对外的事），全为外（事）；家庭以内的事（对内的事），全为内（事）"。分工时，以全家人的利益为考虑依据，不以个人的利益为考虑依据，相信大家是能够心平气和地接受的。

夫妻的才能、职责不一样，习惯也不一样，各自负责擅长的事，才能以最好的方式教养子女。

中国向来有"严父慈母"的说法，即父亲对待子女要严厉一些，母亲对待子女要慈爱一些。父亲表现得严厉是在协助母亲教养子女，子女对父亲有敬畏感，是作为父亲了不起的事情之一。

在现代社会，父母的角色可以机动调整，有时"同台演出"，有时一为主一为辅。有默契地共同教养子女，才是真正的相互扶持。

孝敬长辈

为人子女者,对父母的正确态度可以用一个字概括:孝。

> 《孝经》有言:"夫孝,德之本也,教之所由生也。"

可以说,孝道是修身、齐家、治国、平天下的基本原则。

中国人普遍重视孝道。正所谓"百善孝为先",古时甚至有孝廉制度,统治者会奖赏至孝之人。

☯ 孝是传统美德

中华文化的艺术性重于科学性。

孝道是艺术的,而非完全科学的,用这种心态来看待我国的二十四孝故事，便不致因认为其荒诞、离奇而对其嗤之以鼻。

我们不必追究哭竹能否生笋、木像能否流血，只要能够用其启发子女，让子女知道必须重视孝道，否则和禽兽没有什么两样就可以了。

当然，找一些现代化的孝道故事供子女学习、参考，效果可能更好。

提起二十四孝故事，目的是告诉大家，千万不要借口与国际接轨，打着现代化的旗号，企图将孝道思想与中华文化分离。

几乎所有外国人了解了我们的孝道观念、看到了我们的种种尽孝行为后，都会表示激赏、羡慕，殊不知对待子女要慈爱、对待父母要孝顺，这原本是天经地义的事情。

孝道是人类文明的瑰宝，而不仅是中华文化的瑰宝。

现代化的孝道十分简单，其一，要对自己的父母有信心，相信父母不可能不爱子女，更不会害子女；其二，要明白天下没有十全十美的父母，就算父母不完美，子女也不能大肆论断父母的是非。

如今，很多子女长大成人后看不起自己的父母，认为他们落伍了，这是不孝的表现之一。

我们重视孝道，但是反对把孝道变成用于强制规范人们的行为的制度。我们应该发扬"虞舜以孝感化父母和弟弟，使其改变不义行为"的精神，弘扬高级的孝道。

父母不应该强制子女尽孝，而应该以身作则。

我们每个人都既是自己子女的父母，又是自己父母的子女。如果为人父母不能以身作则，把自己的子女当宝贝，却对自己的父母有诸多不满，站在什么立场上要求自己的子女尽孝呢？

父母要做子女的榜样，因为父母的一言一行都会给子女带去潜移默化的影响。

子女的眼睛是雪亮的，他们的父母怎样对待他们的祖父母，他们长大后大概率会用同样的方式对待他们的父母。

顺不等于孝

传统文化中只有"孝道""孝敬"，没有"孝顺"。不知"孝顺"这一说法是何时出现的，我认为这一说法不妥，因为"顺"字颠覆了中华文化中"孝"的内涵，使得对父辈的盲从有了文化层面的依据，导致很多"父叫子亡，子不敢不亡"的惨剧的出现。

曲解传统文化，可能的原因无非三点：其一，食古不化，即看到古人的话，尚未理解清楚就乱讲、乱传播；其二，不求甚解，只知皮毛；其三，自以为是，把自己的理解当作权威的解读。

"孝顺"中的"顺"字从何而来呢？我大概能猜到。

《论语》中有如下记载。

孟懿子问孝，子曰："无违。"

樊迟御，子告之曰："孟孙问孝于我，我对曰'无违'。"

樊迟曰："何谓也？"

子曰："生，事之以礼；死，葬之以礼，祭之以礼。"

翻译成现代汉语，大意如下。

孟懿子问孔子什么是孝道，孔子说："不要违逆。"

一日，樊迟为孔子御车，孔子告诉他："孟孙问我什么是孝道，我答他'不要违逆'。"

樊迟问："这是什么意思呀？"

孔子说："父母在世时，要以礼相待；父母去世后，要以礼安葬、以礼祭奠。"

这个"无违"，大概就是"顺"的出处。

其实，孔子的意思是子女对父母应该以礼相待，以礼相待就不会无条件地顺从父母去做越礼之事——"无违"指的是无违于礼，不是无违于长辈。

顺既可能孝，又可能不孝；不顺也是如此，既可能不孝，又可能孝。

如果父母让你做不正当的事，你应该怎么办？举个例子如下。

妈妈对小孩说："我在回家的路上看到路边有人在盖新房子，你偷偷地去拿两块砖回来！"

小孩答应了，但他出去转了一圈，没有偷砖。

过了一会儿，小孩空着手回家了，妈妈问："不是让你去拿两块砖吗？怎么没拿回来？"

小孩说："我到了盖新房子的地方，看到有几个大人一直站在那里。我不敢过去，就没拿到。"

例子中的小孩非常聪明，既没有不正当地"顺"，又做到了"孝"，一举两得。

有时候，不听话是"孝"；有时候，听话才是"孝"，需要具体问题具体分析。

总之，我们要孝，但不一定要顺。

说实话，有时候，老人会慢慢地跟社会脱节，越来越不了解社会情况。因此，如果父母的交代是合理的，我们没有理由不听；如果父母的交代是不合理的，我们可以嘴上答应，但一直拖，拖到最后父母说"算了"，就不了了之了。

作为子女，不应该教训父母，但可以主动帮助父母了解现实情况，尝试让父母逐步改变想法。

敬是孝的根本

对待父母，仅有"孝"是不够的，还要有"敬"。

有的子女有钱后会看不起父母，甚至直言："你们怎么总是这么寒酸？给你们钱，缺什么买什么！"用这种态度对待父母，就算能够为他们提供锦衣玉食的生活，也是不孝。

敬是孝的根本，如果不敬，根本谈不上孝。

爱是感情的表现，敬是理智的态度。爱而不敬，很容易怠慢对方。

子女怠慢父母，是心中没有父母的表现。

孔子说得好，如果只是用食物供养父母，和饲养犬马有什么区别？供养父母时，子女心中必须充满敬和爱，以父母能够享用自己敬奉的衣食为快乐。

在日常生活中，作为子女，不管为父母做什么事，都应该诚恳、心甘情愿，不应该有丝毫勉强。

☯ 适时回报父母

父母悉心教养子女的行为并不是投资行为，目的不是获得子女的回报，但是，子女要有回报父母的心，不要认为父母为自己付出的一切都是理所当然的。

正所谓"羔羊跪乳，乌鸦反哺"，人长大后，必须自食其力，并努力回报父母。

真正孝的子女应该主动为父母分忧解劳，使父母衣食无忧。这是对父母最低程度的回报，子女应该尽力去做，不应该有应付的念头。

回报父母应该尽早，以免有"子欲养而亲不待"的悲哀。

年幼的子女也有很多可以为父母做的力所能及的事情，比如，在父母进家门时替父母拿拖鞋；再如，看到父母看完了的报纸，帮父母收起来。

作为子女，家中力所能及的事，应该多承担一些。注意，不要贸然做能力范围之外的事，否则很可能把事情弄糟，害得父母需要付出更大的精力善后。

孔子说，子女关注父母的健康，也是孝的表现。

作为子女，固然希望父母长寿，但也应该正视父母的年龄渐长、身体越来越衰弱的事实。年迈的父母应该节劳颐养、享受天伦之乐，这时候，子女最好多了解一些老年人的保健知识、卫生知识，合理调节父母的饮食和劳逸，让父母能够健康、愉快地长寿。

☯ 心中牢记父母

孟子说，世俗的不孝大约有 5 种：其一是懒得劳动，不肯做事，无力供养父母；其二是喜欢赌博、下棋、喝酒，不顾父母的生活；其三是贪得货财后私心妻子，不愿供养父母；其四是放纵耳目欲望，嗜好声色娱乐，以致父母受辱；其五是倚恃勇猛有力，喜欢打斗争讼，以致危害父母的安宁。

作为子女，心中应该时刻有父母，除了生病等特殊情况，不要让父母为自己操心。

真正孝的子女，不仅会在物质上敬奉父母，还会在精神上使父母常觉欣慰、喜悦。

孟子把物质上的奉养称为养口体，谓之下孝；把精神上的奉养称为养心志，谓之上孝。

曾子以孝闻名，他认为，子女有所作为，使父母享有美名，才算大孝。大孝即永久维持孝心，无论父母在世与否，心中都有父母，终身不敢使父母蒙羞。

> 子女心中有父母,最直观的表现便是好好做人,不让父母生气,不使父母蒙羞。

以此为检验标准,你的孝行是不是合格呢?

教养子女

孔子把人分为三等：中人以上，中人，中人以下。中人的标准是什么？很难确定。

我认为，人分3种：第一种是万物之灵，第二种是同一般动物的人，第三种是禽兽不如的人。

这3种人，做哪一种，是每个人自己的事情。每个人都有选择的自由，如何选择，只与道德有关，法律无法强行规定。

道德是看不见、摸不着的东西，但是它有影响你成为万物之灵，或者同一般动物的人，抑或者禽兽不如的人的力量。

对你的子女来说，同样如此，他可以是这3种人中的任意一种，只看你如何教养他。

☯ 亲子关系其实是教养关系

亲子关系可以大致分为3种：其一是偏朋友关系的亲子关系，其二是偏血缘关系的亲子关系，其三是偏教养关系的亲子关系。

教养关系与血缘关系有很大的不同。

过去，大多数中国人的亲子关系偏血缘关系，并不十分妥当，因为遇到利害时常不讲是非。

孔子曾说："父为子隐，子为父隐。"这句话的争议很大。

什么叫"父为子隐，子为父隐"呢？举个例子。父亲偷了人家的羊，人家来他家调查，作为儿子，在知情的情况下会怎么应对？很可能是替父亲隐瞒，说："我爸爸不是那种人，不会偷你家的羊。"在亲子关系偏血缘关系的情况下，儿子做了坏事，爸爸一般会替他隐瞒；爸爸做了坏事，儿子一般不会出面举证。

很多人据此批评孔子没有法治观念，其实，孔子从来没有很肯定地讲过任何话，这是孔子最了不起的地方之一。

一个人若经常将话讲得很肯定，一定会有人赞成，有人反对。孔子处事的基本态度是"无可无不可"，即既没有什么可以的，又没有什么不可以的。如果把孔子的话解释得很绝对，十有八九是曲解。

"父为子隐，子为父隐"这句话，是孔子跟别人谈话的时候说的，是有具体语境的。

《论语·子路》记载如下。

叶公语孔子曰："吾党有直躬者，其父攘羊，而子证之。"

孔子曰:"吾党之直者异于是。父为子隐,子为父隐,直在其中矣。"

翻译成现代汉语,大意如下。

叶公告诉孔子:"在我的家乡,有个正直的人,他的父亲偷了人家的羊,他证实了这件事。"

孔子说:"我的家乡正直的人和你的家乡正直的人不同:父亲为儿子遮掩,儿子为父亲遮掩——正直自在其中。"

孔子并没有说非要怎么做不可,只是提供了另一种选择:儿子可以去做证,也可以不去做证。

无论是朋友关系还是血缘关系,都有局限性,因此,我推崇教养关系。

生而不养,是绝对错误的;养而不教,更糟糕。偏教养关系的亲子关系是很神圣的,既然把孩子生下来了,就要负起教养他的责任。

教养子女,并非等同于让子女过好日子。若一个人从来没有经历过挫折,是很难长大的。因此,作为父母,千万不要把子女保护得太过周全,否则很可能不是爱子女,而是害子女。

某学者乘船过河,在船上问船夫:"你懂哲学吗?"
船夫老实地回答:"我不懂。"
学者说:"那你失去了生命的三分之一。"顿了顿,学者又问,"你懂数学吗?"

船夫说:"也不懂。"

学者说:"那你已经失去了生命的二分之一了。"

正说着,忽然刮来一阵急风。在船被吹翻的前一刻,船夫问学者:"游泳,你懂不懂?"

学者说:"不懂!"

船夫说:"那么,接下来,你要失去你的全部生命了。"

这个故事讽刺的是只知书本上的知识,对生活技能一窍不通的人。

一个人,既要知道好的,又要知道坏的;既要知道善的,又要知道恶的,这才是比较完整的人。

人生是需要尝试、经历的,只要在安全的范围内,父母应该允许子女尝试做各种事情,不要强行规划子女的人生,甚至子女每一天的活动。

亲子关系本质上是一种教养关系:父母怎么教,子女就怎么学。

父母是建立和谐的亲子关系的关键,但父母并非可以掌控亲子关系中的一切,因为亲子关系是双方面的,父母无法替子女决定一切。

在教养子女方面,父母一定要有正确的观念。比如,不能奢求把子女教养得和自己一模一样——他是他,你是你,你没有权力决定他的一生怎么过,你可以教给他一些东西,但他要不要接受是他的事情。

有些父母，一旦发现子女不按自己的心意成长就对子女采取放任不管的态度，这很不合理。大音乐家贝多芬是在父亲的棍棒逼迫下逐步成才的，由此可见，有时候，父母的坚持可能会帮助子女走向成功。当然，这要看子女有没有相关天分。

总之，在教养子女方面，父母过分坚持不对，完全不坚持也不对，坚持到何种程度，需要父母自己把握。

父母教养子女不能有丝毫的大意，因为子女时刻在变。父母需要24小时"在岗"，而且全年无休。

偏教养关系的亲子关系是优还是劣，与父母的观念强相关。

一切关系都是互动的结果，由互动态度决定。

案例

有一天，小女孩跟父母一起出门，玩得很开心，在父母身前十余米的地方又跑又跳。

突然，一辆汽车开了过来，父亲见状立刻大声喊道："小心一点儿！"但小女孩完全不理会。父亲一直在后面喊，但小女孩就是没有反应，终于，她被已经在刹车但未完全停下的汽车撞倒了，进了医院。

事后，父亲责怪小女孩："我让你小心一点儿，你怎么就是不听？"

小女孩说："爸爸，你每天回家喊我给你拿拖鞋时用的是同样的语气，所以你喊'小心一点儿'时，我以为你又要让我给你拿什么东西，没太注意……"

这个案例告诉我们，平时与子女沟通时把音量放低一些，有危险的时候提高音量给予提醒，子女才会有反应。若平时就习惯于大声说话，遇到紧急的事情时，哪怕大声地给予提醒，子女也很可能会置若罔闻。

子女乖巧，父母用心加强互动，亲子关系才和谐。

调整要根据实际情况进行，作为父母，要先确保自己的观念是正确的。

观念正确，态度会随之合理，亲子关系自然越来越好。

> 改变别人最好的方法是改变自己，而改变自己最好的方法是改变自己的观念。

☯ 教养子女从改变观念开始

几乎所有父母都想把自己的子女教养成万物之灵，但是很多错误教育观念让他们很难实现自己的教养目标。

现代社会中有哪些常见的错误教育观念呢？我们简单列举如下。

● 错误教育观念一："把"爱"挂在嘴边

爱子女是动物本能，我们常说的"虎毒不食子"就是此理。在亲子关系中，不应该把"爱"挂在嘴边，因为过于强调爱，很容易宠坏子女。

真正的爱是给予合理的自由与限制。过分地宠爱子女，只给爱，不给限制，是亲子教育最大的杀手。

爱子女只是良好的亲子关系的基础，不是全部。很多做父母的人以为爱子女需要努力满足子女所有物质上的、精神上的需求，殊不知温室中的花朵是经不起风吹雨打的。真正爱子女的父母会有意识地让子女去面对各种情况，帮助子女掌握在社会上立足的技能。

真正爱子女、负责任的父母往往不会把"爱"挂在嘴边，因为这些父母真正地了解爱是什么。爱是关怀，是关心，是替别人着想，是规范自己的言行。

在子女小的时候，父母没有必要急于教他科学知识，这些知识，他读书时有的是学习的机会。父母应该尽早教给子女的是能让子女受用一生的观念，比如，世界上没有绝对的自由，只有有限制的自由。

作为父母，不能溺爱子女、放纵子女，因为社会是不会溺爱他、放纵他的。

● **错误教育观念二：试图把子女培养成最优秀的人**

我们的社会需要形形色色的人，如果每个人都读到博士，谁去钻研应用技能？

> **作为父母，没有必要苛求子女成为最优秀的人，"最优秀"本身就是一个悖论。**

从事实出发，通过亲子互动与子女彼此迁就、共同成长的亲子关系是较为理想的亲子关系。

同一棵树，会结出酸甜不同的果子；同一个老师，会教出良莠不齐的学生。孔子有弟子3000余人，贤者不过72人。

因此，我们要用平常心看待亲子关系，顺势而为。

作为父母，把子女培养成三观正、身体健康、对社会有益的人就好。每个小孩子出生时，资质都是独特的——身高、体重跟别人不一样，兴趣、爱好也跟别人不一样。

> 每个小孩子都是独一无二的、与众不同的、无可取代的，这一点，应该被父母接受，也必须被父母接受。

子女想成为什么样的人，是由子女自己决定的，不是由父母决定的。作为父母，可以给予辅导、给予指引、给予帮助，但不能强行帮子女规划他的人生。

在教养子女的过程中，父母应该给予子女足够的尊重，一方面要在顺应自然的基础上启发他，另一方面要给他提供选择的机会。

作为父母，做到这种程度，便算是尽到了教养责任。

● **错误教育观念三：把教育目标定得很低**

很多人认为，中国人喜欢把教育目标定得极高。其实，习惯定高目标的中国人只是在遵循"取法乎上，仅得其中；取法乎中，仅得其下"的原则。

父母把教育目标定得高一些，子女更有可能获得足量的努力动力。对待子女，父母多给一些鼓励是应该的。

中国父母基本不会对子女说："儿子呀，你的祖父一辈子没出息，你的父亲也很无能，我看你也不行，算了吧！"而会说:"儿子呀,你不要看你的祖父没有大的成就,他是生不逢时;你也不要认为你的父亲无能,他只是运气不太好。他们两个都很有本事,所以,你也很厉害。"

大多数中国人从不向命运低头,也从不接受命运的摆布。一个从不认输的民族是很可敬的,你看,中华民族五千余年来起起落落,就算跌倒过,也能很快地爬起来。

因此,在教养子女的过程中,最好把教育目标定得高一点儿。

不过,如果子女拼尽全力也达不到理想的高度,作为父母,不要过于勉强他:是"望子成龙,望女成凤",而非"逼子成龙,逼女成凤"。

记住,子女是天才,父母压制不了他;子女不是天才,父母强迫不了他。

● **错误教育观念四:拒绝子女回报自己**

有人说生儿育女是为了防老,也有人说这种观念不对,儿女有儿女的事,父母有父母的事,儿女没有回报父母的义务。这是两种非常极端的说法,都不合理。

如果父母强求儿女回报自己,养育行为就变成了投资行为。这种目的性极强的行为,是不利于建立良好的亲子关系的。

父母对子女的奉献多是无私的。

不过,父母对子女说"我们老了之后,你不用管我们,过好自己的日子就行"也是不合理的。年轻力壮的时候，父母有能力照顾自己，年纪大了、身体不行了的时候，则肯定需要别人的照顾。请谁照顾，都不如让自己的儿女照顾可靠、安全，所以养儿防老不是坏事（强求则不妥）。

生儿育女后要不要接受儿女的回报，应该有一种更合理的说法：儿女的孝心是无比可贵的，不管父母缺不缺钱，都不应该拒绝子女的赠予。坚决不接受子女的回报是很残忍的事情，那是在断子女尽孝的路。不过，子女应该有回报父母的心，父母则最好不要强求子女做什么，否则容易给子女增添很多苦恼。

我们要尊重每个人的处境和选择，既不可强制规定某人必须做什么，又不可强制规定某人不能做什么，这是孔子无可无不可的精神内涵。

总之，作为父母，我们要做的是尽量消除错误的教育观念，努力把子女教养成万物之灵。如果子女天分有限，不可能成为万物之灵，最起码要将其教养成同一般动物的人，千万不能将其教养成禽兽不如的人。

教养子女要从其立场出发

作为父母，消除错误的教育观念后，具体应该如何教养子女呢？

有人说："棍棒之下出孝子。"

在教养子女的过程中，我既不主张打子女，又不主张不打子女，因为打不打不是问题，怎么打才是问题。换句话说，我们应该研究的是怎么打，而不是打不打。

打得合理，就可以打；打得不合理，就绝不可以打。

有的人是挨过打后能更好地成长，有的人则是挨了打和没挨打没什么两样。这就好像敲鼓，响鼓不用重槌，哑鼓用重槌敲破了也没多大声响。

体罚没有任何意义，让犯错的子女知道自己错在了哪里，就尽到为人父母的责任了。

打是手段，而且是最后才能动用的手段。

❋ 案例

有一个小孩很喜欢用彩笔在墙壁上乱画，好好的一面墙，经常被画得乱七八糟的。他的爸爸很生气，但是并没有打骂这个小孩，因为打骂没有用，要做就做有用的事、有效的事、有价值的事。

有一次，小孩正在墙上乱画，爸爸走过来，笑着对小孩说："我以前都没发现你这么有画画的天分。"

听到爸爸这样说，小孩很高兴，于是，爸爸继续说："你好好画吧，画好以后，这个星期日我们拿去给你爷爷看看，看你画得好不好。"

小孩想了想，问："爸爸，我画在墙上了，怎么拿去给爷爷看呢？"

爸爸"恍然大悟"地说："呀，我怎么没想到呢？怎么才能拿过去呢？"

小孩琢磨了片刻，说："画在纸上就可以了！"

爸爸说："哎呀，你真聪明！那你去纸上画吧。"

如此一来，爸爸的目的就达到了。

星期日，爸爸果真带小孩去了爷爷家，把画拿给爷爷看。爷爷夸小孩画得好，于是，从爷爷家回来后，爸爸趁热打铁，问小孩还要不要在墙上画，小孩说："不要，画在墙上没办法拿给爷爷看，我要画在纸上！"

由案例可知，教养子女从其立场出发更容易成功。

作为父母，应该随时对子女的行为进行纠偏，且所用的方法一定要有效。无效的话，要自己调整，绝不能因管教无效而放弃继续管教。如果子女第一次犯错，父母没有批评他，他第二次犯错受到批评时就会很奇怪：为什么上次可以这样做，这次不可以？

要知道，大人的语言，小孩不一定听得懂，大人的暗示，小孩可能完全不明白。小孩是一张白纸，作为父母，不要跟小孩斗气，也不要跟小孩斗力，得跟小孩斗智。

父母的启蒙教育重点是让小孩对事物感兴趣、找到正确的方向，进而自己努力。

◉ 教养子女不要追求物质奢华

对于子女，父母的第一责任是将其养大。

如今，很多年轻人不敢生养小孩，因为一旦有了小孩，就想给他最好的生活环境，需要花费很多钱。但正如人们常说的"穷人的孩子早当家""家贫出孝子"，贫穷家庭未必教养不出有出息的孩子。

子女需要的是父母的爱，而爱不等于锦衣玉食。作为父母，最重要的是在精神上关怀子女，在物质方面，其实不必过于在乎好坏。

有些有钱人因为担心自己的子女从小在优越的环境中长大，将来无法适应社会，甚至会特意利用寒暑假把子女送到农村去，让他过一过贫穷的日子，磨炼一下。

一个没有尝过贫穷滋味的人，很难养成很多好习惯，因为贫穷能磨炼人的意志，有助于人们培养良好的行为习惯。

所谓"英雄不怕出身低"，过过苦日子的人，抗压能力往往更强。

由俭入奢易，由奢入俭难，因此，很多父母宁可让子女先过穷日子，再经历生活越来越好的过程，这样，子女才会觉得人生是越来越美好的。

在家庭环境方面，作为父母，应该特别注意如下几点。

其一，房子够住就好，不必讲究豪华。

其二，家具以合用为宜，不必要求奢侈，安全、舒适、整齐、洁净就足够了。

其三，家里不要设置酒橱、吧台等，且最好有阅读区。父母以身作则，每天读书，有助于帮助子女培养阅读兴趣。

总之，不用强求让子女从小就过上好日子，作为父母，尽力而为即可。父母应该让子女与自己同甘共苦，因为这是家庭共同的命运。